ARD-Ratgeber Recht

Herausgeber: Dr. Frank Bräutigam

BEHINDERUNG

Alle Leistungen und Rechte, die Ihnen zustehen

SWR verbraucherzentrale

Eine Produktion des Südwestrundfunks in Zusammenarbeit mit den Verbraucherzentralen

Das System von Leistungen und Zuständigkeiten in unserem Sozialrecht ist für Laien nur schwer zu durchschauen. Behinderte Menschen und ihre Angehörigen beklagen oft den hohen Aufwand, der nötig ist, um an aktuelle und vor allem gebündelte Informationen zu kommen. Dieser Ratgeber schafft Abhilfe und zeigt Wege durch den Zuständigkeitsdschungel.

Karl-Friedrich Ernst ist Dezernent des Integrationsamts des Kommunalverbands für Jugend und Soziales Baden-Württemberg und war viele Jahre Vorsitzender der Bundesarbeitsgemeinschaft der Integrationsämter und Hauptfürsorgestellen. Er ist Herausgeber und Autor von vielen Publikationen zum Behindertenrecht.

Karl-Friedrich Ernst

BEHINDERUNG

Alle Leistungen und Rechte, die Ihnen zustehen

Wichtig

Vorsicht, Risiko!

Tipp, Ratschlag

Checkliste

Bibliografische Information der Deutschen Bibliothek
Die Deutsche Bibliothek verzeichnet diese Publikation in der Deutschen Nationalbibliografie; detaillierte bibliografische Daten sind im Internet über http://dnb.ddb.de abrufbar.

2. Auflage 2013, aktualisiert und überarbeitet

Printed in Germany.
ISBN 978-3-86336-609-4

LIEBE LESERIN, LIEBER LESER, UND NATÜRLICH AUCH: LIEBE ZUSCHAUERIN, LIEBER ZUSCHAUER DES ARD-RATGEBER RECHT,

das Recht gilt gemeinhin als eine trockene und komplizierte Angelegenheit. Da ist durchaus etwas dran. Trotzdem lautet meine Erfahrung und meine Überzeugung: Hinter jedem schwierigen Paragrafen, hinter jedem Urteil im Juristendeutsch der Gerichte verbergen sich fast immer die Geschichten, Probleme und Schicksale von Menschen – und zwar von Ihnen, liebe Leserinnen und Leser, liebes Publikum. Die schwierigen Paragrafen und ihre Folgen zu erklären, gleichzeitig aber die Geschichten der Menschen dahinter nicht zu vergessen, das ist das erklärte Ziel unserer Sendung „ARD-Ratgeber Recht".

Wohl kaum eine Redaktion im deutschen Fernsehen bekommt so viel Zuschauerpost mit konkreten „Hilferufen". Sie schildern uns Ihre Fälle und bitten uns in Briefen und E-Mails oft um Unterstützung. Dieses Vertrauen in unsere Arbeit ehrt uns sehr, und Ihre Probleme und Fragen sind uns ein wichtiges Anliegen. Allerdings müssen wir Ihnen oft auch antworten, dass wir Ihnen eine konkrete Rechtsberatung im Einzelfall leider nicht geben können und dürfen. Wir haben einen Programmauftrag, der darin besteht, rechtliche Fragen allgemein und leicht verständlich im Fernsehen aufzuarbeiten. Dafür nehmen wir dann gern Ihre konkreten Fälle als Beispiele und sind deshalb weiterhin für jede Zuschrift dankbar. Alles Weitere aber übersteigt in der Regel unsere Möglichkeiten – mit einer Ausnahme: der traditionsreichen Buchreihe zum ARD-Ratgeber Recht.

Damit können wir Ihnen – immer anknüpfend an die Themen unserer Sendungen – umfangreichere Informationen an die Hand geben; mehr, als wir im Fernsehen leisten können. Das Ziel der Reihe ist es, verständliche und erschwingliche Bücher zu den juristischen Themen der Sendung ARD-Ratgeber Recht anzubieten. Unsere erfahrenen Autoren wollen Sie im juristischen Alltagsdschungel an die Hand nehmen und Ihnen Orientierung bieten – mit gut verständlichen Erklärungen, einem klaren Aufbau und einem modernen Design. Hinzu kommen Musterbriefe, Tipps und viele Ratschläge.

Betreut wird die Buchreihe – wie auch die Sendung ARD-Ratgeber Recht – von der ARD-Rechtsredaktion des Südwestrundfunks (SWR) in Karlsruhe, der „Residenz des Rechts". Von dort aus produzieren wir den ARD-Ratgeber Recht und berichten darüber hinaus in den Nachrichtensendungen von ARD und SWR über „alles, was Recht ist". Ich würde mich freuen, wenn Sie diese Buchreihe wie unsere Arbeit auf dem Bildschirm weiterhin so freundlich und kritisch begleiten und uns die Treue halten!

Eine aufschlussreiche und angenehme Lektüre wünscht Ihnen

Dr. Frank Bräutigam
Leiter der ARD-Rechtsredaktion, Karlsruhe

INHALT

07 SERVICE UND ADRESSEN

DIE WICHTIGSTEN VERWENDETEN ABKÜRZUNGEN IM ÜBERBLICK

Abs.	Absatz
AGG	Allgemeines Gleichbehandlungsgesetz
Art.	Artikel
BBW	Berufsbildungswerke
BGB	Bürgerliches Gesetzbuch
BGG	Behindertengleichstellungsgesetz
BvB	Berufsvorbereitende Bildungsmaßnahme
EStG	Einkommensteuergesetz
GdB	Grad der Behinderung
GEZ	Gebühreneinzugszentrale
KSchG	Kündigungsschutzgesetz
MdE	Minderung der Erwerbsfähigkeit
SchwbAV	Schwerbehinderten-Ausgleichsabgabeverordnung
SGB	Sozialgesetzbuch
WfbM	Werkstatt für behinderte Menschen

01

UMFASSEND, ABER SEHR KOMPLIZIERT: DAS DEUTSCHE SOZIALSYSTEM

Wer als Betroffener oder Angehöriger zum ersten Mal mit dem Thema Behinderung konfrontiert wird, muss nicht nur mit den unmittelbaren Folgen dieser Behinderung und eventuell stark veränderten Lebensumständen zurechtkommen. Er muss sich auch in einem für den Laien schwer durchschaubaren System von Leistungen und Zuständigkeiten in unserem Sozialrecht orientieren.

Recht auf Teilhabe und Gleichstellung

In der Behindertenpolitik in Deutschland hat sich in den letzten Jahren ein großer Wandel vollzogen: Das Benachteiligungsverbot ist seit dem Jahr 1994 in Art. 3 Abs. 3 des Grundgesetzes verankert. Behinderte Menschen sollen nicht mehr Objekt staatlicher Fürsorge sein, sondern ihr Leben möglichst selbstbestimmt und eigenverantwortlich führen können. Sie haben ein Recht auf umfassende Teilhabe und Gleichstellung.

Ein weiterer Meilenstein in der Behindertenpolitik wurde Anfang 2009 erreicht: Die UN-Konvention über die Rechte von Menschen mit Behinderungen wurde als deutsches Recht in Kraft gesetzt. Die Konvention will die bei Behinderung grundsätzlich drohende rechtliche und gesellschaftliche Benachteiligung durch den Anspruch behinderter Menschen auf positive Rechte vermeiden. Dabei gibt es viele Bereiche, in denen die UN-Konvention weiter geht als das bisherige deutsche Recht und der deutschen Gesetzgebung wichtige Impulse gibt.

Ein Beispiel dafür ist das Bildungssystem: In Deutschland besuchen bisher nur wenige Kinder mit Behinderung eine Regelschule. Die UN-Konvention fordert jedoch von allen Vertragsstaaten erhebliche Anstrengungen im Schulbereich – Kinder mit und ohne Behinderung sollen also in Zukunft gemeinsam unterrichtet werden können. Die Bundesländer sind daher verpflichtet, ihre Schulgesetze anzupassen und Voraussetzungen für den gemeinsamen Unterricht zu schaffen.

Durch die UN-Konvention wird der frühere Begriff der „Integration“ mehr und mehr durch den weitergehenden Begriff der „Inklusion“ verdrängt. Es geht nicht mehr nur darum, Ausgesonderte zu integrieren, sondern allen Menschen von vornherein die Teilnahme an allen gesellschaftlichen Aktivitäten auf allen Ebenen und in vollem Umfang zu ermöglichen. In einem Nationalen Aktionsplan hat die Bundesregierung inzwischen weitere Umsetzungsschritte beschrieben. Sie hat mit einem mit 100 Millionen Euro ausgestatteten Programm „Initiative Inklusion – Maßnahmen zur Förderung der Teilhabe schwerbehinderter Menschen am Arbeitsleben und auf dem allgemeinen Arbeitsmarkt" einen praktischen Beitrag geleistet, den der Bund mit den Ländern durchführt.

Für die betroffenen Menschen ist aber wichtig zu wissen: Aus der UN-Konvention – mag sie auch inzwischen ein deutsches Gesetz sein – lassen sich keine individuellen Ansprüche im Einzelfall herleiten. Dennoch ist sie eine sehr wichtige Rechtsgrundlage mit dem Auftrag an den Gesetzgeber, weitere Verbesserungen zu realisieren.

Individuelle Ansprüche lassen sich weiterhin nur aus dem schon bisher im internationalen Vergleich hoch entwickelten deutschen Sozialsystem herleiten. Um diese Rechte in Anspruch zu nehmen und praktisch davon zu profitieren, muss man Bescheid wissen. Dieses Buch unterstützt Sie in vielerlei Hinsicht und bietet eine für Laien verständliche Darstellung. Es greift unterschiedliche Probleme und Bedürfnisse behinderter Menschen auf.

Kein einheitliches Behindertengesetz

Ein einheitliches „Behindertengesetzbuch" gibt es in Deutschland nicht. Auch das seit dem Jahr 2001 geltende Sozialgesetzbuch Neuntes Buch (SGB IX) – Rehabilitation und Teilhabe behinderter Menschen – erfüllt diese Funktion allenfalls zum Teil. Die Regelungen des Behindertenrechts und vor allem die sogenannten Nachteilsausgleiche, also Leistungen, die die gleichberechtigte Teilhabe ermöglichen sollen, finden sich in den verschiedensten Gesetzen. Das hängt auch damit zusammen, dass die Lebenssituationen behinderter Menschen sehr unterschiedlich sind. Eltern, deren Kinder beispielsweise eine geistige Behinderung haben, haben ganz andere Probleme als ein schwerbehinderter Arbeitnehmer, der etwa aufgrund eines Bandscheibenschadens keine schwere, körperliche Arbeit mehr leisten kann, oder ein aus dem Erwerbsleben bereits ausgeschiedener behinderter Mensch mit Pflegebedarf, zum Beispiel nach einem Schlaganfall. Ebenso unterschiedlich sind auch die Behinderungen und ihre Auswirkungen selbst. So verursacht ein gerade überstandener Herzinfarkt oder die Krebserkrankung eines vorher gesunden Menschen einen völlig anderen Unterstützungsbedarf als etwa eine von Geburt an vorhandene Blindheit oder Gehörlosigkeit, die ein massives Kommunikationsproblem mit der Umwelt mit sich bringt. Bei psychischen Erkrankungen wiederum sind es oft die Vorbehalte der Gesellschaft, die die Teilhabe der Betroffenen erschweren. Die Barrieren, mit denen behinderte Menschen konfrontiert sind, können also sehr unterschiedlich sein.

Mit diesem Buch bekommen Sie einen Überblick über die rechtlichen Regelungen für behinderte Menschen sowie über wichtige Anlaufstellen, die kompetente Beratung für jeden individuellen Fall bieten. Weiterführende Hinweise auf Informationsquellen, insbesondere auch im Internet finden Sie hier ebenfalls. Das Nennen von Gesetzen und Paragrafen lässt sich bei einer so komplexen Materie nicht ganz vermeiden. Auf den Abdruck von Gesetzestexten, Richtlinien und Zitaten aus Gerichtsentscheidungen wurde aber bewusst verzichtet, damit Sie die Kerninformationen besser aufnehmen können.

Unübersichtlich: das deutsche Sozialsystem

Das Sozialsystem in Deutschland gilt weltweit als vorbildlich. Leider ist es aber sehr kompliziert und selbst für Fachleute oft unübersichtlich. Für Hilfen und Leistungen können je nach Lebensphase und Behinderung verschiedenste Behörden – also gesetzliche Leistungsträger – zuständig sein. Man spricht vom „gegliederten System". Die gesetzlichen Leistungsträger sind insbesondere die Rehabilitationsträger, zum Beispiel die gesetzliche Krankenversicherung, die Bundesagentur für Arbeit, die gesetzliche Unfallversicherung oder die gesetzliche Rentenversicherung, aber auch die Versorgungs- und die Integrationsämter. Vorteil des gegliederten Systems in

Deutschland ist seine Vollständigkeit: Für nahezu alle Probleme gibt es spezielle Lösungen. Oft ist es für den Betroffenen aber sehr schwierig, die richtige Stelle zu finden, die ihm in einer konkreten Situation und bei einem bestimmten Problem helfen kann. Es können auch Situationen eintreten, in denen man es mit mehreren gesetzlichen Leistungsträgern gleichzeitig zu tun hat. Keine Stelle unterstützt behinderte Menschen in allen Lebenslagen. Die gesetzlichen Leistungsträger sind sich häufig auch nicht ganz einig, wer was zu tun hat und vor allem welcher öffentliche Haushalt die Kosten zu tragen hat. Die Fachleute nennen das beschönigend „Schnittstellenprobleme".

Problematisch: die Zuständigkeitsfrage

Der Gesetzgeber hat in den letzten Jahren viel getan, um die rechtlichen Regelungen für den behinderten Menschen als Leistungsempfänger einfacher und übersichtlicher zu machen. Insbesondere durch das SGB IX aus dem Jahr 2001, das sozusagen das „Behindertengesetzbuch" der immerhin zwölf Bücher des Sozialgesetzbuchs darstellt, sollte ein Paradigmenwechsel in der Behindertenpolitik erreicht werden. Der Gesetzgeber hat im SGB IX die Verpflichtung zur Kooperation und zur Verabredung „gemeinsamer Empfehlungen" der gesetzlichen Leistungsträger verankert. Dazu gehört auch ihre Verpflichtung, Leistungen an behinderte Menschen „wie aus einer Hand" zu erbringen. Er hat mit einer Regelung der zuvor teilweise sehr schwierigen Zuständigkeitsklärung und der Schaffung von sogenannten Gemeinsamen Servicestellen als zentralen Anlaufstellen die Grundlage für eine Vereinfachung des Systems geschaffen. Zwar hat sich die Situation dadurch teilweise tatsächlich verbessert, aber in der Praxis läuft vieles noch nicht so, wie es sich der Gesetzgeber vorgestellt hatte. Für den Rat suchenden behinderten Menschen ist es häufig immer noch schwierig, sich durch den Dschungel von Zuständigkeiten und Leistungen zu bewegen. Unübersichtlich ist auch das System der Leistungsangebote, also zum Beispiel von speziellen Schulen, Heimen, Werkstätten für behin-

SGB IX – das „Behindertengesetzbuch"

Mögliche Leistungsangebote

derte Menschen, Beratungsstellen der Wohlfahrtsverbände, Berufsbildungs- und Berufsförderungswerken oder Integrationsfachdiensten. Es gibt in Deutschland eine sehr große Zahl stationärer und ambulanter Angebote, die regional unterschiedlich sein können. Das Problem betrifft das gesamte Sozialrecht und eben auch das Behindertenrecht als einen wichtigen Teil davon.

Behinderung: ein Thema, das alle angeht

Das Thema Behinderung betrifft weit mehr Menschen, als man sich gemeinhin vorstellt. Ende 2011 gab es in Deutschland 7,3 Millionen Menschen, die einen Schwerbehindertenausweis besaßen. Statistisch gesehen war somit jeder elfte Einwohner schwerbehindert. Behinderungen traten bei Männern mit 51 Prozent etwas häufiger auf als bei Frauen. Vor allem aber nehmen sie mit dem Alter überproportional zu. Drei Viertel aller Betroffenen (74 Prozent) waren älter als 55 Jahre, mehr als die Hälfte (54 Prozent) nicht mehr im erwerbsfähigen Alter. Da die meisten Behinderungen Folgen von Zivilisationskrankheiten sind – zum Beispiel Diabetes oder Bluthochdruck –, überrascht der hohe Anteil an älteren Betroffenen nicht. Herzinfarkte, Schlaganfall, Krebserkrankungen mit ihren bleibenden Schäden sowie bestimmte Sehbehinderungen können im Alter jeden treffen. Nur 2 Prozent der schwerbehinderten Menschen waren Kinder und Jugendliche unter 18 Jahren. Überwiegend wurden die Behinderungen – in 82 Prozent der Fälle – durch eine Krankheit ausgelöst. Bei 2 Prozent waren sie auf Unfälle oder Berufskrankheiten zurückzuführen und nur bei 4 Prozent waren die Behinderungen angeboren oder traten im ersten Lebensjahr auf.

Insgesamt machten die körperlichen Behinderungen mit 64 Prozent den überwiegenden Teil der Behinderungsarten aus: Innerhalb dieser Gruppe waren 25 Prozent von einer Beeinträchtigung der inneren Organe, 14 Prozent von einer Funktionseinschränkung der Gliedmaßen, 13 Prozent von einer Einschränkung der Wirbelsäule und des Rumpfs betroffen.

Weitere 5 Prozent waren blinde oder sehbehinderte sowie 4 Prozent sprach-, gehör- oder gleichgewichtsgeschädigte Menschen. Bei 10 Prozent lag eine geistige oder seelische Behinderung vor, 9 Prozent litten an einer zerebralen Störung.

02 WER IST BEHINDERT UND WER STELLT DIES FEST?

Im folgenden Kapitel werden die für das Behindertenrecht zentralen Begriffe „Behinderung“ und „Schwerbehinderung“ erläutert, weil diese unterschiedliche Rechtsfolgen und Ansprüche begründen. Ferner erfahren Sie alles über den Schwerbehindertenausweis und seine Merkzeichen, mit denen jeweils bestimmte Nachteilsausgleiche verbunden sind.

Unterschiedliche Bezeichnungen wie „behinderter Mensch", „schwerbehinderter Mensch", „besonders betroffener schwerbehinderter Mensch", „wesentlich behinderter Mensch" sind keine stilistischen Varianten, sondern Begriffe, die unterschiedliche Rechtsfolgen und Ansprüche begründen. In der Öffentlichkeit begegnet man außerdem auch immer noch veralteten Begriffen, wie zum Beispiel „schwerbeschädigt". Die Situationen, die mit den aktuellen Begriffen bezeichnet werden, werden in unterschiedlichen Gesetzbüchern behandelt, zum Beispiel „behindert" und „schwerbehindert" im Sozialgesetzbuch IX (SGB IX) – Rehabilitation und Teilhabe behinderter Menschen – der wichtigsten Rechtsquelle zum Thema Behinderung. Der Begriff „wesentlich behindert" findet sich dagegen im Sozialgesetzbuch XII (SGB XII) – Sozialhilfe –, weil er für die Eingliederungshilfe, einer Sozialhilfeleistung für behinderte Menschen, bedeutsam ist. Wer „wesentlich behindert" ist, muss nicht gleichzeitig schwerbehindert sein, und eine Behinderung kann durchaus gravierender sein als eine Schwerbehinderung, obwohl die Wörter eher das Gegenteil vermuten lassen.

Das SGB IX: die wichtigste Rechtsquelle zum Thema Behinderung

Für den Laien ist das zunächst einmal verwirrend. Seit einigen Jahren gibt es Bemühungen, internationale Standards zu berücksichtigen. Die International Classification of Functioning, Disability and Health (ICF) ist eine von der Weltgesundheitsorganisation (WHO) 2001 herausgegebene Klassifikation zur Beschreibung des funktionalen Gesundheitszustands, der Behinderung, der sozialen Beeinträchtigung sowie der relevanten Umweltfaktoren von Menschen

Die ICF wurde im deutschen Schwerbehindertenrecht aber bislang noch nicht umfassend umgesetzt, gewinnt aber an Bedeutung. Im Folgenden ein Überblick über die Bedeutung der wichtigsten Bezeichnungen.

BEHINDERUNG

Das SGB IX definiert als Grundlage in § 2 Abs. 1 den allgemeinen Begriff der Behinderung. Menschen sind behindert, wenn ihre körperliche Funktion, ihre geistige Fähigkeit oder seelische Gesundheit mit hoher Wahrscheinlichkeit länger als sechs Monate von dem für das Lebensalter typischen Zustand abweicht und daher ihre Teilhabe am Leben in der Gesellschaft beeinträchtigt ist. Auf die Ursache der Behinderung kommt es dabei nicht an. Durch die genannte zeitliche Beschreibung (mindestens sechs Monate andauernd) unterscheidet sich die Behinderung von der Krankheit.

Folgende Behinderungsarten gehören dazu:

- Anfallsleiden/Epilepsie
- Blindheit und Sehbehinderung
- chronische und innere Erkrankungen
- geistige Behinderung
- Hörbehinderungen
- Lernbehinderung
- Schädigungen der Gliedmaßen
- Schädigungen des Skelettsystems
- Schädigungen des Zentralnervensystems
- seelische Behinderungen
- Suchtkrankheiten

Eindeutige Abgrenzungen gibt es dabei nicht, denn infolge einer körperlichen Behinderung können natürlich auch seelische Probleme entstehen. Es kann außerdem eine Mehrfachbehinderung vorliegen, bei der die einzelnen Behinderungen unabhängig voneinander bestehen oder sich überschneiden und gegenseitig verstärken. Die Schädigungen, aus denen eine bleibende Behinderung folgt, können angeboren, Folge eines Unfalls, einer Krankheit oder eines besonderen Opfers für die Gesellschaft – zum Beispiel einer Wehrdienstbeschädigung – sein. Je nach Ursache bestehen – besonders im letzten Fall – unterschiedliche Ansprüche gegen den Staat. Von Behinderung bedroht sind Menschen, wenn eine entsprechende Beeinträchtigung zu erwarten ist. Auch diese Vorstufe der Behinderung kann bereits bestimmte Maßnahmen erforderlich machen. Ob aufgrund einer Behinderung die Voraussetzungen erfüllt sind, um Leistungen eines Rehabilitationsträgers zu erhalten, richtet sich nach dem für diesen Leistungsträger geltenden spezifischen Leistungsrecht, zum Beispiel dem Arbeitsförderungsrecht im SGB III. Das bedeutet: Ob Leistungsvoraussetzungen vorliegen, entscheidet der zuständige Rehabilitationsträger. Er entscheidet oft auch, ob eine Behinderung bzw. ein Rehabilitationsbedarf im Sinne der von ihm anzuwendenden Vorschriften vorliegt. Die Ursache der Behinderung berücksichtigt unser Sozialsystem nur in wenigen Fällen, etwa wenn es darum geht, ob bestimmte Leistungen erbracht werden können oder nicht. Das ist aber nur in Bereichen wie der gesetzlichen Unfallversicherung oder dem sozialen Entschädigungsrecht relevant. In der Regel erbringen die gesetzlichen Leistungsträger ihre Leistungen unabhängig davon, aus welchem Grund eine Behinderung besteht, und gleichgültig, ob sie angeboren oder später entstanden ist.

Leistungen vom Rehabilitationsträger

Spielt für die Leistungen eine untergeordnete Rolle: die Ursache der Behinderung

SCHWERBEHINDERUNG

Schwerbehindert sind nach § 2 Abs. 2 SGB IX behinderte Menschen, die die Durchführung eines Anerkennungsverfahrens beantragt und durchlaufen haben und über eine amtliche Dokumentation ihrer Behinderung verfügen, nämlich einen „Feststellungsbescheid“ und den Schwerbehindertenausweis. Eine solche förmliche, über einzelne Rehabilitationsverfahren hinausgehende Statusfeststellung der Behinderung

Wichtig: die Statusfeststellung

und ihres Grades ist für die besonderen Hilfen nach dem Zweiten Teil des SGB IX zur Teilhabe schwerbehinderter Menschen am Arbeitsleben erforderlich. Sie wird vor allem für den besonderen Kündigungsschutz für schwerbehinderte Menschen und die begleitende Hilfe im Arbeitsleben durch die Integrationsämter, aber auch für viele Nachteilsausgleiche, zum Beispiel im Steuerrecht, benötigt.

Tipp

Auch wenn die Feststellung der sogenannten Schwerbehinderteneigenschaft für die Inanspruchnahme von Rehabilitationsleistungen rechtlich nicht notwendig ist, ist sie zumindest zu empfehlen. Sie erleichtert die Prüfung des Rehabilitationsträgers und kann ein Antragsverfahren eventuell auch beschleunigen. Auch bei der Prüfung der Voraussetzungen der Pflegebedürftigkeit nach dem Pflegeversicherungsgesetz kann die Vorlage eines Schwerbehindertenausweises hilfreich sein, insbesondere wenn bereits das Merkzeichen H (hilflos) anerkannt wurde. Siehe dazu auch Seite 124 ff.

Wer ermittelt die Schwerbehinderung? Nach SGB IX stellen die Versorgungsämter oder die nach dem Landesrecht bestimmten Behörden fest, ob eine Schwerbehinderteneigenschaft vorliegt. Bis vor einigen Jahren gab es solche Versorgungsämter bundesweit einheitlich, doch inzwischen haben sich die Zuständigkeiten in den Ländern stark verändert. Teilweise arbeiten die Versorgungsämter unter anderen Namen, wie zum Beispiel „Landesamt für Familie und Soziales" gemeinsam mit weiteren Landesbehörden. Teilweise wurden die Aufgaben auch an Kommunalbehörden übertragen, wie zum Beispiel in Baden-Württemberg oder in Nordrhein-Westfalen, wo die Städte und Landkreise zuständig sind. Die Bezeichnungen der zuständigen Behörden gehen jedenfalls weit auseinander. Aus Gründen der Vereinfachung wird im folgenden Text einheitlich der Begriff „Versorgungsamt" verwendet.

Die Suche im Telefonbuch unter dem Stichwort „Versorgungsamt" hilft heutzutage allerdings nicht mehr weiter. Die zuständige Gemeindeverwaltung gibt jedoch Auskunft, an wen man sich wenden muss.

Feststellung der Schwerbehinderteneigenschaft

Rechtliche Grundlage für die Feststellung der Schwerbehinderteneigenschaft sind § 2 Abs. 2 und § 69 SGB IX. Die Feststellung, die maßgeblich auch eine Frage der medizinischen Beurteilung ist, wird nach der Versorgungsmedizin-Verordnung getroffen. Sie finden sie auf der Internetseite des Bundesministeriums für Arbeit und Soziales, www.bmas.bund.de. Die Auswirkung der Funktionsbeeinträchtigung wird als Grad der Behinderung (GdB) in Zehnerschritten von 20 bis 100 festgestellt. Normale Alterserscheinungen werden nicht als Behinderung anerkannt. Eine Schwerbehinderung besteht ab einem Grad der Behinderung von 50. Der Antragsteller muss im Antragsvordruck seine behandelnden Ärzte nennen und deren Entbindung von der ärztlichen Schweigepflicht bestätigen. In aller Regel findet im Feststellungsverfahren beim Versorgungsamt keine persönliche Untersuchung statt. Die Feststellung erfolgt vielmehr aufgrund schriftlicher Unterlagen und nach Aktenlage. Prüfungsgrundlage für das Versorgungsamt sind ärztliche Unterlagen des Hausarztes oder der behandelnden Fachärzte. Auch Krankenhausentlassungsberichte, Unterlagen aus Rehabilitationsverfahren und Kuren können hilfreich sein. Fügt der Antragsteller selbst keine Unterlagen bei, kann das Versorgungsamt ärztliche Befundberichte anfordern. Aus Kostengründen macht das Versorgungsamt von dieser Möglichkeit aber eher sparsam Gebrauch. Viele behandelnde Ärzte nennen in den Befundberichten nur Diagnosen und beschreiben nicht die Auswirkungen. Unklarheiten gehen dann oft zulasten des Antragstellers und führen zu Ablehnungen oder niedrigen Bewertungen. Damit das Versorgungsamt schnell zu einem fundierten Ergebnis gelangen kann, ist also die Mitwirkung des Antragstellers schon beim Ausfüllen des Antrags sehr wichtig.

Wichtig: ärztliche Unterlagen beifügen

Außerdem kann der Antragsteller selbst bestimmen, welche seiner vielleicht verschiedenen Behinderungen anerkannt werden sollen.

Der Antragsteller möchte, dass eine Körperbehinderung anerkannt wird, nicht jedoch die gleichzeitig vorliegende Alkoholabhängigkeit. Er allein bestimmt, welche seiner Behinderungen anerkannt wird. Er sollte zu jeder seiner geltend gemachten Behinderungen auch den Arzt eintragen, der diese behandelt, zum Beispiel den Augenarzt bei einer Sehbehinderung. Bei einer durchgeführten stationären Behandlung sollten auch die Anschriften der Krankenhäuser angegeben werden.

Kompliziert: die Bestimmung des GdB

Für den Laien ist es selbst mittels der Versorgungsmedizin-Verordnung kaum möglich, festzustellen, wie hoch der GdB voraussichtlich sein wird, also zu welchem Ergebnis das Versorgungsamt kommen wird. Das liegt daran, dass bei mehreren Behinderungen die jeweiligen Einzel-GdB nicht zu einem Gesamt-GdB addiert werden dürfen, sondern Letzterer von der Funktionsbeeinträchtigung aller Behinderungen in ihrer Gesamtheit abhängt. Auch bei der Bestimmung des Einzel-GdB kommt es bei vielen Behinderungen entscheidend auf medizinische Feinheiten an. Der „Verlust einer Hand" oder eine vollständige Blindheit mögen beispielsweise noch leicht einzustufen sein. Bei einem Herzinfarkt ist die GdB-Einstufung aber von der bleibenden Leistungsbeeinträchtigung abhängig, die sich zum Beispiel erst aus einem Belastungs-EKG ablesen lässt. Schwierig ist auch die Einstufung bei einer geistigen oder seelischen Behinderung.

Tipp

Es ist sinnvoll, wenn Sie mit Ihren behandelnden Ärzten frühzeitig über den beabsichtigten Feststellungsantrag beim Versorgungsamt sprechen, sich ihrer Unterstützung versichern und dem Antrag beim Versorgungsamt möglichst schon selbst umfassende und aussagekräftige Unterlagen beifügen. Sie sollten dabei auf Unterlagen, die sich gegebenenfalls bei Ihrem Arzt befinden, zurückgreifen und keine eigenen Gutachten erstellen lassen, da Sie diese selbst bezahlen müssen.

Vorhandene Unterlagen beizufügen ist zwar nicht zwingend notwendig, beschleunigt aber das Antragsverfahren ganz erheblich. Je genauer die Funktionsbeeinträchtigungen beschrieben sind, desto einfacher ist es für den Gutachter des Versorgungsamts, die Einstufung vorzunehmen. Viele niedergelassene Ärzte haben im

Übrigen selbst wenig Erfahrung mit der Begutachtungspraxis der Versorgungsämter und können mit ihrer Einschätzung falschliegen. Häufig sind Patienten dann enttäuscht, wenn das Versorgungsamt zu einem anderen Ergebnis kommt.

Der Grad der Behinderung ist unabhängig von der beruflichen Leistungsfähigkeit oder dem erlernten oder ausgeübten Beruf. Auch die rentenrechtliche Erwerbsminderung oder Erwerbsunfähigkeit hat nichts mit dem GdB zu tun, ebenso wenig die Minderung der Erwerbsfähigkeit (MdE) in anderen Rehabilitationsbereichen. Festgestellt werden ausschließlich die Auswirkungen der Behinderung auf die Teilhabe am Leben in der Gesellschaft.

Normalerweise erfolgt die Feststellung der Schwerbehinderteneigenschaft ab dem Zeitpunkt der Antragstellung, aus steuerlichen Gründen kann das auch rückwirkend geschehen. Im SGB IX gibt es klare Vorgaben, wie schnell das Versorgungsamt bei berufstätigen Antragstellern entscheiden soll. Bei ihnen ist die Entscheidung besonders dringlich, da sonst der besondere Kündigungsschutz nicht greift (siehe hierzu Kapitel 5, ab Seite 76). Wenn der Antragsteller seine Mitwirkungspflichten erfüllt, sollte die Entscheidung nach maximal sieben Wochen vorliegen. In einigen Fällen kann das Versorgungsamt auch die vorhandene Einstufung anderer gesetzlicher Leistungsträger übernehmen, zum Beispiel der Berufsgenossenschaften bei Arbeitsunfällen.

Siebenwochenfrist

Wurde bereits früher ein GdB festgestellt, kann jederzeit bei einer eingetretenen Verschlimmerung oder bei neu aufgetretenen Behinderungen eine neue Feststellung beantragt werden (Erhöhungsantrag). Die Bestandskraft des bisherigen Bescheids steht dem nicht entgegen. Das Versorgungsamt kann aber im Rahmen einer solchen Prüfung auch anerkannte Behinderungen wieder aberkennen oder als geringer einstufen, wenn sich bei diesen eine Besserung ergeben hat.

Erhöhungsantrag

Praktische Probleme verursacht häufig das Absenken des ursprünglich festgestellten GdB „von Amts wegen" nach Ablauf einer sogenannten Heilungsbewährung. Bei Behinderungen mit einer Rückfalltendenz, insbesondere bei Krebserkrankungen, aber zum Beispiel auch bei Herzinfarkten, wird zunächst ein höherer GdB zuerkannt. Bei solchen Behinderungen ist die weitere Prognose erst einmal unklar. Tritt innerhalb einer längeren Zeit (in der Regel innerhalb von fünf Jahren) kein Rückfall bzw. erneuter Ausbruch der Krankheit ein, wird der GdB herabgesetzt. Das Versorgungsamt notiert bei der Feststellung solcher Behinderungen einen Termin zur Nachprüfung und wird ohne Antrag tätig.

DER SCHWERBEHINDERTENAUSWEIS

Ab GdB 50: Anrecht auf Schwerbehindertenausweis

Wenn ein GdB von mindestens 50 vorliegt, wird vom Versorgungsamt ein Schwerbehindertenausweis ausgestellt. Er dient als Nachweis der Schwerbehinderung. Üblicherweise ist er befristet gültig, kann aber auch unbefristet ausgestellt werden, wenn keine Veränderung der Behinderung zu erwarten ist. Der Ausweis ist grün. Ab 1.1.2013 erhält der Schwerbehindertenausweis eine neue Form und kann als kleinere Plastikkarte im Scheckkartenfomat ausgestellt werden. Seine bisherige Farbe Grün oder Grün/Orange (bei einer Freifahrtberechtigung) bleibt erhalten, um die Wiedererkennung zu gewährleisten.

Den genauen Zeitpunkt der Umstellung legt jedes Bundesland selbstständig fest, die Umstellung von Papier auf das neue Kartenformat soll für alle Schwerbehindertenausweise aber spätestens am Jahresanfang 2015 abgeschlossen sein.

Die bisherigen Ausweise in Papierform behalten bis zum zeitlichen Ablauf ihre Gültigkeit. Sie müssen nicht zwingend vorher neu ausgestellt werden. Der mit dem Grad der Behinderung (GdB) zusammenhängende Nachteilsausgleich kann nach wie vor mit dem alten Schwerbehindertenausweis in Anspruch genommen werden.

Die Freifahrtberechtigung setzt einen GdB von mindestens 50 voraus sowie die Anerkennung zusätzlicher Merkzeichen. Über eventuell zustehende Merkzeichen entscheidet das Versorgungsamt, sie müssen aber nicht extra beantragt werden.

Die Merkzeichen:

- **G** bedeutet „gehbehindert", das heißt „erheblich beeinträchtigt in der Bewegungsfähigkeit im Straßenverkehr". Das Merkzeichen erhält, wer infolge einer altersunabhängigen Einschränkung des Gehvermögens Wegstrecken bis zu zwei Kilometer bei einer Gehdauer von etwa einer halben Stunde nicht ohne erhebliche Schwierigkeiten oder Gefahren bewältigen kann.
- **aG** bedeutet „außergewöhnlich gehbehindert". Dieses Merkzeichen erhält, wer sich wegen der Schwere seines Leidens dauerhaft nur mit fremder Hilfe oder nur mit großer Anstrengung außerhalb seines Kraftfahrzeugs bewegen kann, wie zum Beispiel querschnittsgelähmte Menschen.
- **H** bedeutet „hilflos". Dieses Merkzeichen erhält derjenige, der infolge seiner Behinderung nicht nur vorübergehend (also länger als sechs Monate) für eine Reihe häufig und regelmäßig wiederkehrender Verrichtungen des täglichen Lebens fremder Hilfe bedarf, zum Beispiel beim Essen, An- und Auskleiden, bei der Körperpflege.
- **Bl** bedeutet „blind". Blind sind Menschen, deren Sehschärfe auf keinem Auge mehr als $^1/_{50}$ der normalen Sehschärfe beträgt oder bei denen andere, gleichrangige Störungen der Sehschärfe vorliegen.
- **Gl** bedeutet „gehörlos". Gehörlos ist ein Mensch mit beidseitiger Taubheit oder mit einer an Taubheit grenzenden Schwerhörigkeit, wenn zugleich schwere Sprachstörungen vorliegen.

Freifahrtberechtigung im öffentlichen Nahverkehr

Diese Merkzeichen führen zu einer Freifahrtberechtigung. Sie gilt für den gesamten öffentlichen Personennahverkehr. Auf Antrag stellt das Versorgungsamt ein Beiblatt zum Schwerbehindertenausweis aus. Dieses muss mit einer Wertmarke versehen sein, die allerdings meist kostenpflichtig ist. Seit September 2011 kann man bundesweit mit dem Schwerbehindertenausweis und dem dazugehörigen Beiblatt mit einer Wertmarke in allen Nahverkehrszügen der Deutschen Bahn AG, in S-Bahnen und in den Verkehrsverbünden (z.B. RB, RE, IRE) in Deutschland 2. Klasse sowie in S-Bahnen und Verkehrsverbünde (z.B. Bussen, Straßenbahnen, U-Bahnen etc.) fahren. Die früher geltende Begrenzung von 50 km vom Wohnort durch ein Streckenverzeichnis ist entfallen.

Weitere Merkzeichen sind:

- **B** für „Begleitperson". Es berechtigt zur kostenlosen Mitnahme einer Begleitperson im öffentlichen Personennahverkehr. Es besteht jedoch kein Zwang, eine Begleitperson bei sich zu haben. Dieses Merkzeichen steht behinderten Menschen zu, die nicht ohne Selbst- oder Fremdgefährdung am öffentlichen Personenverkehr teilnehmen können.
- **RF** für „Rundfunkgebührenbefreiung". Die Voraussetzung dafür ist gegeben, wenn sie einen GdB von 80 haben und dauerhaft wegen ihres Leidens nicht an öffentlichen Veranstaltungen teilnehmen können. Das ist der Fall bei
  - behinderten Menschen mit Bewegungsstörungen (auch durch innere Leiden), die selbst mithilfe von Begleitpersonen keine öffentlichen Veranstaltungen besuchen können,
  - behinderten Menschen, die durch die Behinderung auf ihre Umgebung unzumutbar abstoßend und störend wirken,
  - behinderten Menschen mit nicht nur vorübergehend ansteckender Lungentuberkulose,

- geistig oder seelisch behinderten Personen, wenn die Befürchtung besteht, dass durch Unruhe, Sprechen oder Verhalten der betreffenden Person Veranstaltungen gestört werden.

Bei blinden oder wesentlich sehbehinderten Personen (GdB mindestens 60 allein wegen der Sehbehinderung) sowie bei gehörlosen Personen und bei Personen mit einer hochgradigen Hörbehinderung, denen eine ausreichende Verständigung über das Gehör auch mit Hörhilfen nicht möglich ist, wird das Merkzeichen RF auch ohne die oben genannten Voraussetzungen zuerkannt. Die Begünstigten konnten sich bisher unter Nachweis dieses Merkzeichens von den Rundfunk- und Fernsehgebühren befreien lassen. Ab dem 1.1.2013 beteiligen sich auch Menschen mit Behinderung mit einem reduzierten Beitrag an der Rundfunkfinanzierung (siehe dazu Seite 130 f.).

Pro und Kontra Schwerbehindertenausweis

In der Öffentlichkeit wird immer wieder darüber diskutiert, ob es überhaupt erstrebenswert sein kann, einen Schwerbehindertenausweis zu beantragen. Es wird eine „stigmatisierende" Wirkung befürchtet, da es noch immer Menschen gibt, die Behinderten mit einer negativen Einstellung begegnen. Viele Betroffene haben vor allem Angst vor beruflichen Nachteilen. Auch der besondere Kündigungsschutz, den schwerbehinderte Menschen als Arbeitnehmer genießen, wird von arbeitslosen Menschen mit Behinderung immer wieder als „Einstellungsbarriere" bezeichnet – obwohl er keinesfalls mit Unkündbarkeit gleichgesetzt werden kann.

Langfristig zahlt es sich jedenfalls trotz allem aus, mit seiner Behinderung offen umzugehen. Verheimlichen lässt sie sich in vielen Fällen ohnehin nicht. Gerade dann ist es sinnvoll, zum Beispiel mit dem Arbeitgeber klar darüber zu kommunizieren. Mehrere Studien haben nachgewiesen, dass schwerbehinderte Arbeitnehmer im Durchschnitt nicht häufiger krank sind und oft eine höhere Arbeitsmotivation mitbringen, gerade weil sie zeigen wollen, dass sie mithalten können. Ein behinderter Mensch am richtigen und für ihn geeigneten Arbeitsplatz muss deshalb keine Belastung für einen Betrieb sein.

Insgesamt überwiegen die Vorteile, wenn man mit seiner Behinderung offen umgeht und die einem zustehenden Rechte tatsächlich wahrnimmt.

BESONDERS BETROFFENE SCHWERBEHINDERTE MENSCHEN

Besonders Betroffene im Arbeitsleben

Im SGB IX wird eine Gruppe von schwerbehinderten Menschen hervorgehoben, für die das Gesetz besondere Anstrengungen bei ihrer beruflichen Teilhabe erwartet. Die Arbeitgeber sollen einen angemessenen Anteil ihrer Stellen mit diesen „besonders betroffenen" Menschen besetzen. Auch bei vielen Leistungen werden diese Menschen bevorzugt behandelt.

Zur Gruppe der besonders Betroffenen zählen schwerbehinderte Menschen,

- die zur Ausübung der Beschäftigung aufgrund ihrer Behinderung nicht nur vorübergehend einer besonderen Hilfskraft bedürfen oder
- deren Beschäftigung infolge ihrer Behinderung nicht nur vorübergehend mit außergewöhnlichen Aufwendungen für den Arbeitgeber verbunden ist oder
- die infolge ihrer Behinderung nicht nur vorübergehend offensichtlich nur eine wesentlich verminderte Arbeitsleistung erbringen können oder
- bei denen ein Grad der Behinderung von wenigstens 50 allein infolge geistiger oder seelischer Behinderung oder eines Anfallsleidens vorliegt oder

- die aufgrund der Art oder der Schwere der Behinderung keine abgeschlossene Berufsbildung im Sinne des Berufsbildungsgesetzes haben oder
- die das 50. Lebensjahr vollendet haben.

Die Aufzählung ist nur beispielhaft, auch andere gleich schwer Betroffene können zu dieser Gruppe zählen.

WESENTLICHE BEHINDERUNG

Einen besonderen Behinderungsbegriff gibt es in der Sozialhilfe für Menschen, die einen Anspruch auf Eingliederungshilfe für behinderte Menschen nach den §§ 53 ff. SGB XII – Sozialhilfe – und nach der Eingliederungshilfe-Verordnung haben. Er schließt zunächst an den allgemeinen Begriff der Behinderung in § 2 SGB IX an und erfordert zusätzlich die erhebliche Beeinträchtigung der Teilhabe am Leben in der Gesellschaft. Vereinfacht ausgedrückt: Die wesentliche Behinderung ist im Vergleich zur Schwerbehinderung häufig die gravierendere Behinderung und die Schwelle ihrer Voraussetzungen ist in der Praxis höher. Die Eingliederungshilfe kommt insbesondere in Betracht für Menschen, die nicht auf dem allgemeinen Arbeitsmarkt, sondern nur in Werkstätten für behinderte Menschen beschäftigt werden und die ohne die Eingliederungshilfe keine angemessene Schulbildung erlangen können. Welche körperlichen, geistigen oder seelischen Behinderungen darunterfallen, ist in den §§ 1 bis 3 der Eingliederungshilfe-Verordnung geregelt.

Wichtig für die Teilhabe: die Eingliederungshilfe

In diesem Zusammenhang haben nicht die Versorgungsämter die Zuständigkeit für die Feststellung, sondern die Gesundheitsämter. Häufig liegt sowohl eine Schwerbehinderung als auch eine wesentliche Behinderung vor. Selbstverständlich kann ein wesentlich behinderter Mensch auch jederzeit eine

Anerkennung von Schwerbehinderung und wesentlicher Behinderung

Feststellung seiner Schwerbehinderteneigenschaft beantragen. Die Schwerbehinderung ist allerdings für den Träger der Sozialhilfe nicht das Entscheidungskriterium bezüglich einer Leistung der Eingliederungshilfe, sondern er richtet sich allein nach dem Vorliegen einer wesentlichen Behinderung. Die Anerkennung als schwerbehinderter Mensch kann dennoch für die Inanspruchnahme anderer Nachteilsausgleiche, zum Beispiel im Steuerrecht, nötig sein.

RECHTSSCHUTZ

Widerspruchsrecht

Der Feststellungsbescheid des Versorgungsamts kann innerhalb eines Monats nach seinem Zugang mit einem Widerspruch angefochten werden. Der Widerspruch kann sich gegen die Nichtanerkennung der Schwerbehinderteneigenschaft, gegen die Höhe des GdB oder gegen die Ablehnung von Merkzeichen richten. Der Widerspruch kann schriftlich oder beim Versorgungsamt mündlich zur Niederschrift erfolgen und soll begründet werden. Man kann die Begründung auch nachreichen. Dann sollte man unbedingt weitere aussagekräftige ärztliche Unterlagen vorlegen, um eine Änderung erreichen zu können.

Ist man mit der Einstufung nicht einverstanden, besteht nach Erlass des Feststellungsbescheids das Recht auf Einsicht in die Akte des Versorgungsamts. Den Widerspruchsbescheid erlässt – falls das Versorgungsamt nicht abhilft – nach weiterer Prüfung die Widerspruchsbehörde. Das Widerspruchsverfahren ist kostenfrei. Im Fall der Zurückweisung des Widerspruchs muss der Widerspruchsführer jedoch die Kosten eines von ihm beauftragten Anwalts oder sonstigen Bevollmächtigten selbst tragen. Man sollte sich daher gut überlegen, ob man in diesem Stadium bereits einen Anwalt einschaltet.

Für die meisten Rechtsanwälte ist das Behindertenrecht ein relativ unbekanntes Rechtsgebiet. Es gibt nur wenige, die auf das Sozialrecht spezialisiert sind. Sie sollten deshalb durchaus überlegen, ob Sie im Fall des Falles nicht besser Rechtsschutz über einen der großen Behindertenverbände suchen und sich rechtlich vertreten lassen, zum Beispiel vom Sozialverband VdK oder vom Sozialverband Deutschland. Voraussetzung ist allerdings die Mitgliedschaft in einem solchen Verband. Die Kosten der Rechtsvertretung durch einen solchen Verband sind vergleichsweise niedrig und die in den Rechtsschutzabteilungen der Verbände tätigen Sozialrechtsreferenten sind durch die tägliche Arbeit mit dem Thema gut vertraut. Bei der Feststellung der Schwerbehinderteneigenschaft geht es häufig eher um medizinische Fragen, nämlich um die Bewertung einer Erkrankung, und weniger um klassische rechtliche Probleme. Soweit es um die Probleme berufstätiger behinderter Menschen geht, helfen auch die Rechtsschutzstellen der Gewerkschaften.

Rechtsschutz vom Behindertenverband

Gegen einen ablehnenden Widerspruchsbescheid kann innerhalb eines Monats Klage beim zuständigen Sozialgericht erhoben werden. Das Gericht überprüft zunächst, ob die bisherigen Ermittlungen ausreichen oder ob eine weitere Beweiserhebung nötig ist.

Tipp

Wie beim Widerspruch kommt es darauf an, die Klage sorgfältig zu begründen und darzustellen, wo im Verwaltungsverfahren unvollständig ermittelt wurde.

Das Gericht wird bei Zweifeln an der Richtigkeit der getroffenen Entscheidung ein Sachverständigengutachten einholen und auch bestimmen, welcher Sachverständige dieses erstellt. Die Kosten für eventuell vom Kläger selbst eingeholte Privatgutachten trägt dieser selbst. Nur wenn der Prozess gewonnen wird, kommt eine Erstattung der außergerichtlichen – also der eigenen – Kosten in Betracht. Im sozialgerichtlichen Verfahren kann man wie bei anderen Gerichtsverfahren, beispielsweise beim Amts- oder Verwaltungsgericht, Prozesskostenhilfe beantragen. Dies betrifft nur die außergerichtlichen Kosten, denn sozialgerichtliche Verfahren sind kostenfrei –

Erstattung außergerichtlicher Kosten

Prozesskostenhilfe möglich

Gerichtsgebühren fallen also gar nicht an. Gegen die Urteile der Sozialgerichte kann Berufung beim Landessozialgericht eingelegt werden. Eine Revision beim Bundessozialgericht ist nur unter eingeschränkten Voraussetzungen möglich. Vor den Gerichten der Sozialgerichtsbarkeit besteht – mit Ausnahme des Bundessozialgerichts – kein Vertretungszwang. Man kann sich aber natürlich trotzdem vertreten lassen – entweder durch einen Rechtsanwalt oder auch durch die Rechtsbeistände der Behindertenverbände oder der Gewerkschaften.

DIE GLEICHSTELLUNG

Behinderte Menschen mit einem durch das Versorgungsamt festgestellten Grad der Behinderung (GdB) von weniger als 50, aber mindestens 30 können den schwerbehinderten Menschen gleichgestellt werden. Rechtsgrundlage ist § 2 Abs. 3 SGB IX. Voraussetzung ist, dass sie infolge ihrer Behinderung ohne die Gleichstellung keinen geeigneten Arbeitsplatz erlangen bzw. diesen behalten können.

Gleichstellung im öffentlichen Dienst ist eher selten

Gleichstellungen werden auf Antrag der behinderten Menschen von der Agentur für Arbeit ausgesprochen, die vorher auch den Arbeitgeber und die Schwerbehindertenvertretung anhört. Erfahrungsgemäß haben die Agenturen für Arbeit strenge Vorgaben für die Anerkennung einer Gleichstellung. Für Angehörige des öffentlichen Diensts beispielsweise sind die Aussichten auf eine Gleichstellung gering, da sie einen sicheren Arbeitsplatz haben. Es muss konkret belegt werden, dass der Arbeitsplatz ohne Gleichstellung gefährdet wäre. Die generell schwierige Arbeitsmarktsituation wird als ausreichender Grund nicht akzeptiert. Auch für arbeitslose behinderte Menschen mit einem GdB unter 30 ist es schwierig, eine Gleichstellung zu erlangen.

Gleichgestellte behinderte Menschen haben weder Anspruch auf Zusatzurlaub noch auf unentgeltliche Beförderung im öffentlichen Personenverkehr. Ebenso haben sie keine Möglichkeit, die vorgezogene Altersrente für schwerbehinderte Menschen in Anspruch zu nehmen (siehe hierzu Seite 112 ff.). Davon abgesehen können gleichgestellte behinderte Menschen aber alle Rechte und Leistungen zur Teilhabe am Arbeitsleben in Anspruch nehmen (siehe hierzu Seite 37 ff.).

Eine weitere Sonderregelung besteht für behinderte Jugendliche und junge Erwachsene. Sie können für die Zeit einer Berufsausbildung schwerbehinderten Menschen per Gesetz gleichgestellt werden, auch wenn der Grad der Behinderung weniger als 30 beträgt oder eine Behinderung noch nicht festgestellt wurde. Als Nachweis genügt eine Stellungnahme der Agentur für Arbeit oder ein Bescheid über Leistungen zur Teilhabe am Arbeitsleben. Aufgrund der Gleichstellung ist auch eine Betreuung durch den Integrationsfachdienst möglich. Arbeitgeber können Prämien und Zuschüsse zu den Kosten der Berufsausbildung erhalten. Alle anderen Regelungen für schwerbehinderte Menschen, wie zum Beispiel der besondere Kündigungsschutz, gelten jedoch nicht.

FRAGERECHT DES ARBEITGEBERS NACH EINER SCHWERBEHINDERUNG

Hat der Arbeitgeber überhaupt das Recht, in Bewerbungsgesprächen nach der Schwerbehinderteneigenschaft zu fragen? Früher war ein Fragerecht des Arbeitgebers nach einer Schwerbehinderung bei Einstellungsgesprächen durch die Rechtsprechung anerkannt. Seit der Einführung des SGB IX und des Allgemeinen Gleichbehandlungsgesetzes besteht ein ausdrückliches Diskriminierungsverbot von behinderten und schwerbehinderten Menschen. Damit ist die Frage nach einer Schwerbehinderung inzwischen grundsätzlich unzulässig.

Stellt der Arbeitgeber die Frage dennoch, darf der Arbeitnehmer sogar lügen. Der Arbeitgeber darf den Arbeitsvertrag in einem solchen Fall nicht wegen arglistiger Täuschung nach § 123 BGB anfechten.

Ausnahmeregelung zum Fragerecht

Die Frage nach einer Schwerbehinderung kann ausnahmsweise zulässig sein, wenn eine bestimmte körperliche Funktion, eine geistige Fähigkeit oder die seelische Gesundheit eine wesentliche und entscheidende Anforderung des konkreten Arbeitsplatzes ist, zum Beispiel bei einem Piloten. Entsprechend verhält es sich mit der Frage nach dem Gesundheitszustand. Sie darf gestellt werden, sofern ein berechtigtes Interesse besteht, zum Beispiel wenn der Bewerber eine ansteckende Krankheit hat.

TEILHABE BEHINDERTER MENSCHEN

03

Menschen mit Behinderung sind in vielen Bereichen des alltäglichen Lebens eingeschränkt. Die Umwelt ist häufig nicht auf ihre Bedürfnisse eingestellt, sowohl beruflich als auch privat sind die Betroffenen mit allerhand Hindernissen konfrontiert. Um behinderten Menschen trotzdem ein gleichberechtigtes Leben am Arbeitsplatz und in der Gemeinschaft zu ermöglichen, können sie verschiedene Leistungen zur Teilhabe in Anspruch nehmen.

DER BEGRIFF DER TEILHABE

Das Neunte Buch des Sozialgesetzbuchs (SGB IX) aus dem Jahr 2001 ist das wichtigste Gesetz für behinderte Menschen. Es soll ihnen die gleichberechtigte Teilhabe am gesellschaftlichen Leben ermöglichen und dafür sorgen, dass sie ihre Belange so weit wie möglich selbst und eigenständig wahrnehmen können. In seinen Eingangsparagrafen beschreibt das SGB IX, dass mit den Leistungen zur Teilhabe als notwendige Sozialleistung Behinderungen abgewendet, beseitigt, ihre Verschlimmerung verhütet und Folgen gemindert werden sollen. Außerdem sollen Einschränkungen der Erwerbsfähigkeit und Pflegebedürftigkeit vermieden, die Teilhabe am Arbeitsleben soll entsprechend den Neigungen und Fähigkeiten gesichert werden. Ziel ist eine selbstständige und selbstbestimmte Lebensführung. Leistungen zur Teilhabe sollen möglichst frühzeitig einsetzen, damit sie zum Erfolg führen. Also nicht erst dann, wenn schon eine Behinderung vorliegt, sondern bereits wenn eine solche droht. Die Leistungen zur Teilhabe sind damit der Oberbegriff für die verschiedenen Leistungsgruppen, für die wiederum verschiedene Rehabilitationsträger zuständig sind. Rehabilitation ist die Förderung zur Teilhabe durch Einsatz verschiedener Leistungen. Achtung: Die Begriffe Teilhabe und Rehabilitation werden in der Praxis leider quasi synonym verwendet, es ist damit aber nicht dasselbe gemeint.

Selbstständiges und selbstbestimmtes Leben

Kinder im SGB IX

Behinderten oder von Behinderung bedrohten Kindern gilt die besondere Aufmerksamkeit des SGB IX. Sie sollen nicht von ihrem sozialen Umfeld getrennt und in Kindergärten, Schulen oder bei der beruflichen Ausbildung möglichst gemeinsam mit nicht behinderten Kindern und Jugendlichen betreut werden. Kinder sollen alters- und entwicklungsabhängig an der Ausgestaltung der einzelnen Hilfen beteiligt werden, also beispielsweise mitbestimmen können, in welche Einrichtung, auf welche besondere Schule sie gehen.

Qualitätssicherung

In den Eingangsvorschriften des SGB IX wird gleich mehrfach erwähnt, dass die Leistungen so vollständig, umfassend und in immer gleicher Qualität erbracht werden sollen, dass Leistungen eines anderen Trägers möglichst nicht erforderlich werden. Das Stichwort ist also „Qualitätssicherung".

Individuelle Ansprüche lassen sich aus diesen Eingangsvorschriften des SGB IX ebenso wenig ableiten wie aus dem Benachteiligungsverbot von behinderten Menschen in Art. 3 des Grundgesetzes. Aber wenn Lösungen in schwierigen Einzelfällen gesucht werden, wenn konkrete Probleme beseitigt werden müssen, wenn es darum geht, bei einem gesetzlichen Leistungsträger seine Rechte durchzusetzen, dann kann es sich durchaus lohnen, auf diese Eingangsnormen und den Zweck des Gesetzes hinzuweisen. Die Eingangsnormen und die generelle Zielsetzung des SGB IX werden auch in den zuständigen Behörden selten gelesen und geraten in der Alltagsarbeit leicht in den Hintergrund.

Jeder Rehabilitationsträger hat eigene Vorschriften

Das SGB IX gilt trägerübergreifend

Das SGB IX sollte auch dazu dienen, die gesamte Rechtsmaterie zur Teilhabe behinderter Menschen übersichtlicher zu gestalten und die bisher auf verschiedene Gesetze verteilten Regelungen zu ordnen und zusammenzufassen. Das ist dem Gesetzgeber leider nur zum Teil gelungen. Nach wie vor gelten für jeden Rehabilitationsträger ergänzend zu den Bestimmungen des SGB IX noch seine speziellen Vorschriften, für die Krankenkassen zum Beispiel das SGB V – Gesetzliche Krankenversicherung –, für die Agenturen für Arbeit das SGB III – Arbeitsförderung –, für die Rentenversicherungsträger das SGB VI – Gesetzliche Rentenversicherung –, für die Träger der Sozialhilfe das SGB XII – Sozialhilfe. Das deutsche Sozialrecht hat damit an seinem historisch gewachsenen System festgehalten, wonach jeder Träger in unserem Sozialleistungssystem neben seinen sonstigen Aufgaben noch für einen spezifischen Bereich der Rehabilitation und Teilhabe zuständig ist. Das SGB IX geht davon aus, dass behinderte und von Behinderung bedrohte Menschen zunächst einmal dieselben Leistungen in Anspruch nehmen können wie nicht behinderte Menschen, zum Beispiel wenn sie krank sind oder arbeitslos werden. Die entsprechenden Vorschriften sind in den verschiedenen Büchern des SGB geregelt und gelten zunächst einmal für alle Bürger. Die im SGB IX geregelten Leistungen sind zusätzliche Sozialleistungen, die auf die Teilhabe behinderter und von Behinderung bedrohter Menschen gerichtet sind. Sie kommen zum Einsatz, wenn man das Ziel zur Teilhabe mit den normalen Sozialleistungen nicht erreichen kann.

Die klassische Aufgabe der Deutschen Rentenversicherung ist die Rentenversorgung der Versicherten. Die Deutsche Rentenversicherung fungiert aber oft auch als Rehabilitationsträger – wenn der Versicherte wegen einer Behinderung oder zur Vermeidung des Eintritts einer Behinderung eine Rehabilitation benötigt. Gleiches gilt für die Bundesagentur für Arbeit: Zu ihren Hauptaufgaben gehören die Berufsberatung, die Arbeitsvermittlung und die Erbringung von Arbeitslosengeld. Sie kann aber auch als Rehabilitationsträger für Leistungen zur Teilhabe am Arbeitsleben auftreten. Natürlich ist nicht jeder behinderte Mensch, der „Kunde" der Agentur für Arbeit ist, gleichzeitig Rehabilitand und erhält Leistungen zur Teilhabe. Dazu ist besonderer Rehabi litationsbedarf nötig. Den hat ein schwerbehinderter Arbeitsloser aber nicht ohne Weiteres. Ihm genügt in vielen Fällen vielleicht einfach die Vermittlung eines Arbeitsplatzes, wenn er beruflich trotz seiner Behinderung voll einsatzfähig ist.

Behinderte Menschen, die Beamte oder selbstständig sind, können häufig keinen „Rehabilitandenstatus" erlangen. Es gibt keinen für sie zuständigen Rehabilitationsträger. Die dadurch entstehenden Lücken füllen Beamte zumindest teilweise durch ihre Ansprüche auf beamtenrechtliche Beihilfe. Außerdem übernehmen die Integrationsämter sowohl bei Beamten als auch bei Selbstständigen eine „Ersatzrolle" bei den Leistungen zur Teilhabe am Arbeitsleben, zum Beispiel

Rehabilitation für Beamte und Selbstständige

bei Kraftfahrzeughilfen, Wohnungshilfen und technischen Arbeitshilfen. Problematisch bleibt aber, dass Rehabilitationsmöglichkeiten, die bei sozialversicherungspflichtig Beschäftigten inzwischen selbstverständlich sind, bei diesen

Zielgruppen noch immer teilweise ungenutzt bleiben und bei Beamten sehr schnell die Dienstunfähigkeit festgestellt wird. Behinderte Menschen, die beruflich selbstständig sind, müssen sich durch private Versicherungen absichern. Auch bei ihnen können die Integrationsämter die Rolle eines zuständigen Rehabilitationsträgers nur zum Teil übernehmen.

Das alles ist natürlich für den Laien ziemlich kompliziert. Für die Wahrnehmung seiner Rechte muss er das alles „rechtssystematisch" aber auch gar nicht vollständig durchschauen. Das SGB IX verlangt nämlich, dass die unterschiedlichen gesetzlichen Leistungsträger eng zusammenarbeiten und dass die behinderten Menschen die notwendigen Leistungen „wie aus einer Hand" erhalten. Häufig kann nämlich gleich mehrfacher Rehabilitationsbedarf vorliegen: zum Beispiel medizinische Rehabilitation, Teilhabe am Arbeitsleben und Teilhabe am Leben in der Gemeinschaft. Besondere Leistungen der Integrationsämter zur Teilhabe für schwerbehinderte Menschen können noch dazukommen. Die einzelnen Leistungen sollen nicht in streng getrennten Vorgängen erbracht werden, sondern nahtlos ineinandergreifen und einander ergänzen. Die gesetzlichen Leistungsträger sollen sich dafür abstimmen und nahtlos zusammenarbeiten – so die Forderung bzw. Theorie. In der Praxis funktioniert das allerdings auch nach den zweifellos erreichten Verbesserungen durch das SGB IX nicht immer hundertprozentig.

Theorie klar, Praxis schwierig

LEISTUNGSGRUPPEN UND ZUSTÄNDIGE REHABILITATIONSTRÄGER

Wer sind nun die gesetzlichen Leistungsträger der Rehabilitation und für die Teilhabe?

- Die **gesetzliche Krankenversicherung** erbringt für ihre Mitglieder Leistungen der medizinischen Rehabilitation.

- Die **gesetzliche Rentenversicherung** ist ebenfalls für Leistungen der medizinischen Rehabilitation zuständig, aber auch für Leistungen zur Teilhabe am Arbeitsleben.
- Die **Agenturen für Arbeit** und die **Träger der Grundsicherung** (Arbeitsgemeinschaften mit den Agenturen für Arbeit oder zugelassene kommunale Träger im Bereich des SGB II – Grundsicherung für Arbeitsuchende) können ebenfalls Rehabilitationsträger sein. Sie erbringen aber nur Leistungen zur Teilhabe am Arbeitsleben. Faustregel: Bei sozialversicherungspflichtig Beschäftigten mit mehr als 15 Versicherungsjahren ist der Träger der Rentenversicherung zuständig, bei weniger Beitragsjahren der Träger der Arbeitsvermittlung.
- Die **gesetzliche Unfallversicherung** ist nach Arbeitsunfällen und Berufskrankheiten für Leistungen der medizinischen Rehabilitation, zur Teilhabe am Arbeitsleben und zusätzlich zur Teilhabe am Leben in der Gemeinschaft zuständig. Hier besteht die Besonderheit, dass es für die Zuständigkeit auf die Ursache der Behinderung ankommt. Unfallversicherungsträger sind zum Beispiel die Berufsgenossenschaften.
- Die **Träger des sozialen Entschädigungsrechts** sind für Gesundheitsschäden zuständig, die durch ganz bestimmte Ereignisse verursacht wurden. Das soziale Entschädigungsrecht betrifft zum Beispiel Kriegsopfer, Soldaten und Zivildienstleistende, die während der Ausübung ihres Diensts eine Schädigung erleiden, Impfgeschädigte oder Opfer von Verbrechen. Das Leistungsspektrum bei diesen „Sonderopfern für die Gesellschaft" ist sehr weit. Träger der sozialen Entschädigung sind in der Regel die Versorgungsämter und die Hauptfürsorgestellen, die sich normalerweise „unter dem gleichen Dach" finden wie die Integrationsämter.
- Auch die **Sozialhilfe** kann Rehabilitationsträger sein. Sie erbringt ebenfalls – häufig einkommens- und vermögensabhängig – Leistungen zur Teilhabe. Sie trägt vor allem die

Kosten, die entstehen, wenn behinderte Menschen auf Dauer nur in einer Werkstatt für behinderte Menschen beschäftigt werden können. Ihre Leistungen sind nachrangig gegenüber anderen Rehabilitationsträgern.
- Die **Jugendämter** können bei Leistungen zur Teilhabe für seelisch behinderte Kinder und Jugendliche zuständig sein.
- Die **Integrationsämter** sind keine Rehabilitationsträger. Sie können jedoch bei schwerbehinderten Menschen, die im Berufsleben stehen, Leistungen erbringen, die teilweise mit den Rehabilitationsleistungen vergleichbar oder sogar identisch sind, zum Beispiel für die behinderungsgerechte Ausstattung eines Arbeitsplatzes. Sie erbringen, vereinfacht ausgedrückt, rehabilitationsähnliche Leistungen.

REGELUNG ÜBER DIE ZUSTÄNDIGKEITSKLÄRUNG

Nicht immer eindeutig: die Zuständigkeit

Nach früherem Recht kam es häufig vor, dass ein Antragsteller von einer Stelle an die nächste verwiesen wurde und der Streit zwischen verschiedenen Rehabilitationsträgern um die Zuständigkeit auf dem Rücken der Betroffenen ausgetragen wurde. Im SGB IX gibt es eine wichtige und nützliche Regelung, die einen solchen Fall ausschließen soll: Der § 14 SGB IX sieht als Grundregel vor, dass ein gesetzlicher Leistungsträger (Rehabilitationsträger), wenn er sich selbst nicht für zuständig hält, einen Antrag innerhalb von zwei Wochen nach Eingang an einen anderen Rehabilitationsträger weiterleiten muss. Dieser darf den Antrag keinesfalls zurückgeben oder wiederum an einen dritten Rehabilitationsträger weiterleiten, sondern er muss selbst für eine Lösung sorgen. Wird der Antrag nicht weitergeleitet, muss der Rehabilitationsträger den Rehabilitationsbedarf unverzüglich selbst feststellen. Soweit kein Gutachten eingeholt werden muss, entscheidet der Rehabilitationsträger innerhalb von drei Wochen nach Antragseingang. Entsprechend muss der Rehabilitationsträger verfahren, an

Ende des Zuständigkeitengerangels

Entscheidung innerhalb von drei Wochen

den ein Antrag weitergeleitet wurde. Ist ein Gutachten erforderlich, muss die Entscheidung innerhalb von zwei Wochen nach Vorlage des Gutachtens getroffen werden.

Der Rehabilitationsträger muss, wenn ein Gutachten erforderlich ist, dem Antragsteller in der Regel drei wohnortnahe Sachverständige nennen, unter denen er auswählen kann.

Diese wichtige Vorschrift des § 14 SGB IX dient durch die gesetzlichen Fristen der allgemeinen Beschleunigung der Antragsverfahren. Die Regelung des § 14 SGB IX gilt nicht nur für die Rehabilitationsträger, sondern sinngemäß auch für die Integrationsämter, die keine Rehabilitationsträger sind. Hier bestehen nach § 102 Abs. 6 SGB IX aber Besonderheiten. So kann das Integrationsamt beispielsweise in Eilfällen Vorleistungen erbringen und anschließend einen Kostenerstattungsanspruch gegen den zuständigen gesetzlichen Leistungsträger erheben. Die Frage der Kostenerstattung zwischen den gesetzlichen Leistungsträgern kann den behinderten Menschen, die eine Leistung benötigen, aber letztlich gleichgültig sein. Die komplizierten Regelungen darüber betreffen lediglich das Verhältnis der gesetzlichen Leistungsträger untereinander.

Die Regelung über die Zuständigkeitsklärung des § 14 SGB IX ist für behinderte Menschen, die eine Leistung benötigen und nicht sicher sind, ob sie diese bei der richtigen Stelle beantragt haben, eine wichtige Vorschrift – die leider immer noch viel zu wenig bekannt ist. Sie ist zwar für Laien ziemlich kompliziert; aber wenn es in einem Antragsverfahren nicht weitergeht oder länger dauert, lohnt es sich, auf diese Vorschrift hinzuweisen. Vor allem die darin genannten Fristen zur Antragsbearbeitung und Entscheidung werden in der Praxis leider häufig nicht eingehalten. Was Sie in einem solchen Fall noch tun können, erfahren Sie auf Seite 46 f.

Schwer zu durchschauen: die Zuständigkeit

Wo kann ich welche Leistungen beantragen? In manchen Fällen ist die Zuständigkeit eindeutig, in anderen Fällen kann es kompliziert werden. Grundsätzlich sind die gesetzlichen Leistungsträger zur Zusammenarbeit verpflichtet und eigentlich sollte jede dieser Behörden in der Lage sein, wenigstens die richtige Anlaufstelle zu benennen, wenn sie selbst nicht zuständig ist. In der Praxis klappt das allerdings häufig nicht, da selbst die Fachleute der Sozialleistungsträger oft nur ihren eigenen Bereich sicher beherrschen. Dann kann vielleicht eine der Gemeinsamen Servicestellen weiterhelfen.

GEMEINSAME SERVICESTELLEN

Praktische Hilfe und Beratung

Der Gesetzgeber hat durch die Regelung des § 22 SGB IX versucht, mit örtlichen Gemeinsamen Servicestellen der Rehabilitationsträger Stellen einzurichten, die bei der Suche nach dem zuständigen Leistungsträger und in schwierigen Antragsverfahren behilflich sind. Die Gemeinsamen Servicestellen sollen eine trägerübergreifende und ortsnahe Beratung und begleitende Unterstützung behinderter Menschen ermöglichen. Sie unterstützen die Betroffenen von der Antragstellung bis zum Abschluss des Verfahrens. Die Gemeinsamen Servicestellen sind bei Bedarf koordinierend und vermittelnd zwischen mehreren Rehabilitationsträgern tätig, sodass Unklarheiten bei der Frage nach Zuständigkeiten ausgeräumt werden. Der Rehabilitationsbedarf der Antragsteller soll rasch geklärt und Entscheidungen sollen beschleunigt werden.

Qualität der Gemeinsamen Servicestellen sehr unterschiedlich

Diese Stellen sind bisher bundesweit noch nicht so etabliert, wie sich der Gesetzgeber das gewünscht hat. Die regionale Verteilung und ihre Qualität können sehr unterschiedlich sein. In aller Regel sind sie nur bei einem Rehabilitationsträger in einer Region angesiedelt (überwiegend bei Krankenkassen und der Deutschen Rentenversicherung) und werden ausschließlich von dessen Mitarbeitern betreut und nicht – wie es ursprünglich gedacht war – von mehreren Rehabilitationsträgern gemeinsam. Das sind keine guten Voraussetzungen für eine trägerübergreifende Beratung in allen Leistungsgruppen zur Teilhabe. Wenn also einigermaßen klar ist, welche Stelle zuständig ist, sollte man sich direkt dahin wenden. Eine Gemeinsame Servicestelle einzuschalten bringt dann mit hoher Wahrscheinlichkeit keinen Vorteil.

Tipp

In schwierigen Fällen, insbesondere bei unklarer Zuständigkeit, kann die Gemeinsame Servicestelle eine hilfreiche Anlaufstelle sein. Sie finden sie im Telefonbuch unter: „Servicestellen, Gemeinsame, für Rehabilitation". Unter www.rehadat.de/rehadat/reha.khs gibt es ein vollständiges Adressverzeichnis aller Gemeinsamen Servicestellen in Deutschland.

WUNSCH- UND WAHLRECHT BEHINDERTER MENSCHEN

Lebensumstände selbst gestalten

§ 9 SGB IX räumt behinderten Menschen ein Wunsch- und Wahlrecht ein. Den Wünschen der Leistungsberechtigten soll bei der Entscheidung über die Leistungen und bei der Ausführung der Leistungen entsprochen werden. Das betrifft beispielsweise die Entscheidung über die Rehabilitationseinrichtung, in der eine Maßnahme durchgeführt wird. Wenn Sachleistungen zur Teilhabe nicht in Rehabilitationseinrichtungen auszuführen sind, kann der Berechtigte auch einen Antrag stellen, dass sie als Geldleistungen erbracht werden. Das geht aber nur, wenn die Leistung hierdurch gleich wirksam und wirtschaftlich ist. Leistungen, Dienste und Einrichtungen sollen den behinderten Menschen möglichst viel Raum zur Gestaltung ihrer Lebensumstände lassen und ihre Selbstbestimmung fördern. Natürlich ist für jede Leistung zur Teilhabe die Zustimmung des Leistungsberechtigten erforderlich. All das klingt selbstverständlich, war es aber zumindest unter der Geltung des früheren Rechts nicht immer.

Eine weitere, durchaus hilfreiche Vorschrift für behinderte Menschen, die eine Leistung zur Teilhabe benötigen, ist der § 15 SGB IX. Er besagt: Wird über einen Antrag nicht innerhalb der Fristen des § 14 SGB IX entschieden und gibt es für diese Verzögerung keine ausreichende Begründung, dann kann der Leistungsberechtigte dem Rehabilitationsträger eine angemessene Frist setzen und erklären, dass er nach Ablauf der Frist die erforderliche Leistung selbst beschafft. Der Rehabilitationsträger ist dann zur Erstattung der Aufwendungen verpflichtet.

Mit dieser Vorschrift sollte man vorsichtig umgehen. Zum einen eignen sich nicht alle Leistungen für eine Selbstbeschaffung. Sie mag möglich sein, wenn es zum Beispiel um eine Kraftfahrzeughilfe oder um eine Wohnungshilfe geht. Schwierig wird es dagegen bei einer Umschulungsmaßnahme, die man sich praktisch kaum selbst beschaffen kann. Zum anderen besteht die Erstattungspflicht des Rehabilitationsträgers nur im Rahmen der Grundsätze der Wirtschaftlichkeit und Sparsamkeit. Somit gibt es immer das Risiko, dass ein Teil der Aufwendungen für eine selbst beschaffte Leistung nicht erstattet wird. Der Rehabilitationsträger wird versuchen nachzuweisen, dass es eine preisgünstigere Lösung gegeben hätte.

PERSÖNLICHES BUDGET

Eine besondere Leistungsform ist das Persönliche Budget nach § 17 SGB IX. Behinderte Menschen können anstelle von Dienst- und Sachleistungen zur Teilhabe auch ein Budget wählen, mit dem sie Leistungen selbst „kaufen". Das Persönliche Budget ist keine eigene Leistung, sondern nur eine Form der Leistungserbringung, auf die allerdings inzwischen sogar ein Rechtsanspruch besteht.

Trägerübergreifendes Persönliches Budget

Das Gesetz sieht des Weiteren eine besonders bedeutende Form des Persönlichen Budgets vor: das trägerübergreifende

Persönliche Budget. Verschiedene Leistungen zur Teilhabe sollen von mehreren Rehabilitationsträgern in einem einzigen Budget erbracht werden; auch andere Leistungen, beispielsweise der Kranken- oder Pflegekassen, können einbezogen werden. Der behinderte Mensch soll dann selbst entscheiden, wie er das Budget zur Deckung seines Bedarfs einsetzt. Durch das Persönliche Budget sollen das Wunsch- und Wahlrecht und die Selbstbestimmung der Antragsteller gestärkt werden.

Gleichberechtigte und selbstbestimmte Teilhabe

Der Grundgedanke des Persönlichen Budgets ist klar: Der behinderte Mensch soll es nutzen, um sich die Leistungen zu kaufen, die er selbst für nötig hält, um seine Teilhabe sicherzustellen. Damit soll das Ziel des SGB IX, die gleichberechtigte und selbstbestimmte Teilhabe behinderter Menschen in unserer Gesellschaft zu ermöglichen, erreicht werden. Behinderte Menschen sollen nicht unter die bevormundende Fürsorge des Staats fallen.

Nicht alle Leistungen budgetfähig

Das Persönliche Budget wird in der Praxis allerdings nur selten in Anspruch genommen. Die Gründe dafür sind vielfältig. So sind nicht alle gesetzlichen Leistungen ohne Weiteres budgetfähig. Viele behinderte Menschen wollen auch nicht als Auftrag- und damit als Arbeitgeber der Kräfte auftreten, die sie unterstützen. Viele Leistungen werden sinnvollerweise als Sachleistungen und nicht durch Geld erbracht, zum Beispiel die Beschäftigung in einer Werkstatt für behinderte Menschen. Darüber hinaus wurde über viele Jahre eine teure und reglementierte Rehabilitationsinfrastruktur aufgebaut, die leider wenig Wettbewerb zulässt. Nicht immer ist das Persönliche Budget im Interesse des behinderten Menschen.

Wenn jemand einen teuren Personenlift im Rahmen der Wohnungshilfe benötigt, wird er sich diesen kaum durch ein Persönliches Budget fördern lassen. Oft ist es nicht leicht, eine maßgeschneiderte Lösung zu finden und einen Überblick über den Angebotsmarkt zu bekommen. Daher braucht der Betroffene zunächst eine kompetente Beratung durch einen Technischen Beratungsdienst, zum Beispiel der

Agentur für Arbeit. Ist die Lösung dann gefunden, wollen viele behinderte Menschen mit der folgenden finanziellen Abwicklung nichts zu tun haben und treten ihren Zahlungsanspruch aus dem Leistungsbescheid sogar an den Lieferanten ab.

Das Persönliche Budget soll verstärkt in Anspruch genommen werden

Die Politik unternimmt gegenwärtig große Anstrengungen, um in wirklich geeigneten Fällen dem Persönlichen Budget zu mehr praktischer Bedeutung zu verhelfen. Diese Bemühungen könnten sicher durch eine verstärkte Nachfrage seitens der behinderten Menschen unterstützt werden. Das Persönliche Budget ist in Deutschland auch etliche Jahre nach seiner Einführung noch längst nicht bei allen Beteiligten „angekommen".

Ausführliche Informationen zum Persönlichen Budget bekommen Sie beim Bundesministerium für Arbeit und Soziales und im Internet unter www.budget.bmas.de.

EINZELNE LEISTUNGEN ZUR TEILHABE

MEDIZINISCHE REHABILITATION

Die gesundheitliche Versorgung gliedert sich in drei wesentliche Bereiche:

- die Primärversorgung (ambulante Behandlung durch niedergelassene Ärzte),
- die Akutversorgung (stationäre Versorgung im Krankenhaus),
- die Rehabilitation.

Rehabilitation: Wiedererlangung oder Erhaltung der Fähigkeiten

Ob nach einem Schlaganfall oder einem Herzinfarkt, nach einer Tumorentfernung oder einer Hüftoperation – im Anschluss an medizinische Eingriffe ist häufig eine systematische und umfassende Rehabilitation nötig. Der Patient soll bei der Wiedererlangung oder der Erhaltung seiner körperlichen, beruflichen oder sozialen Fähigkeiten unterstützt werden. Während einer Leistung zur medizinischen Rehabilitation zahlen die Rehabilitationsträger Krankengeld, Verletztengeld, Versorgungskrankengeld oder Übergangsgeld, um den Lebensunterhalt bei einem Ausfall des Arbeitseinkommens während der Rehabilitationsmaßnahme sicherzustellen.

Die Weiterbehandlung in einer Rehabilitationseinrichtung soll die Kräfte stärken, Funktionen wiederherstellen oder sie so entwickeln, dass sie ausgefallene Fähigkeiten ersetzen können. Die verschiedenen medizinischen Rehabilitationseinrichtungen sind jeweils auf bestimmte Krankheiten oder Krankheitsgruppen spezialisiert.

Heilmittel

Zu den Heilmitteln zählen unter anderem die physikalische Therapie und die Ergotherapie. Ziel der Maßnahmen ist die Wiederherstellung von Kraft, Ausdauer und Funktionalität.

Hilfsmittel

Hilfsmittel hingegen ersetzen fehlende Körperfunktionen. Zu den Hilfsmitteln zählen zum Beispiel Prothesen, Rollstühle, Hörgeräte und Orientierungshilfen für blinde Menschen. Der Leistungsanspruch umfasst auch die Wartung, Reparatur und Ersatzbeschaffung.

Wenn nach einer schweren und länger dauernden Erkrankung – insbesondere einer psychischen – der Wiedereinstieg in den Beruf besonders schwierig erscheint, kann durch eine Belastungserprobung ermittelt werden, wie es um die Dauerbelastbarkeit und die noch vorhandene Leistungsbreite steht.

Arbeitstherapie

Mit der Arbeitstherapie sollen Fähigkeiten erhalten oder entwickelt werden, die für die berufliche Wiedereingliederung nötig sind.

Rehabilitationssport

Der Rehabilitationssport umfasst Angebote, in denen unter ärztlicher Betreuung Sport getrieben wird, der auf die Art und Schwere einer Behinderung abgestimmt ist und dazu beitragen soll, das Rehabilitationsziel zu erreichen oder zu sichern, zum Beispiel nach einem Herzinfarkt.

LEISTUNGEN ZUR TEILHABE AM ARBEITSLEBEN

Erwerbsfähigkeit ist das A und O

Mit der beruflichen Rehabilitation soll die Erwerbsfähigkeit eines behinderten Menschen hergestellt, erhalten, verbessert oder wiederhergestellt werden. Die Leistungsfähigkeit, die persönliche Neigung und der bisherige Beruf bilden den Ausgangspunkt. Bei behinderten Menschen, die bereits berufstätig waren, soll möglichst der bisherige Arbeitsplatz erhalten bleiben. So kann der Betroffene die vorhandenen Kenntnisse und Erfahrungen am besten einbringen. Möglich ist dies oft mit Leistungen zur Einrichtung eines behinderungsgerechten Arbeitsplatzes, zur Beschaffung von technischen Arbeitshilfen und mit Maßnahmen der beruflichen Weiterbildung. Einen entsprechenden großen Katalog möglicher Leistungen zur Teilhabe enthält § 33 SGB IX. Er ist die zentrale Vorschrift möglicher Leistungen an behinderte Menschen im Rahmen der Teilhabe am Arbeitsleben.

Leistungen an den Arbeitgeber

Nach § 34 SGB IX sind auch Leistungen an Arbeitgeber vorgesehen, insbesondere zeitlich begrenzte Eingliederungszuschüsse, die im Normalfall bis zu 50 Prozent des vom Arbeitgeber gezahlten Arbeitsentgelts betragen können. Wichtig sind auch Zuschüsse für Arbeitshilfen im Betrieb. Diese Leistungen, die von einem Rehabilitationsträger übernommen werden, kommen in erster Linie für Arbeitnehmer infrage. Bei Beamten und Selbstständigen, die keinen zuständigen Rehabilitationsträger haben, können nur eingeschränkt die Integrationsämter mit eigenen Leistungen einspringen.

Umschulung

Wenn der bisherige Arbeitsplatz nicht erhalten werden kann und die Rückkehr in den alten Beruf unmöglich ist, kommt eine neue berufliche Ausbildung in Betracht. Auch das ist in § 33 SGB IX geregelt. Die Umschulung erfolgt in der Regel in anerkannten Ausbildungsberufen, abhängig von der aktuellen Arbeitsmarktsituation. Leistungen können im Betrieb, aber soweit erforderlich auch in beruflichen Rehabilitationseinrichtungen erbracht werden. Dazu zählen insbesondere die

Berufsförderungswerke

03

Berufsförderungswerke. Das sind Bildungseinrichtungen für behinderte Erwachsene, die aufgrund der Art und Schwere ihrer Behinderung ihren bisherigen Beruf nicht mehr ausüben können. Die Umschüler werden in der Regel in den Berufsförderungswerken wie in einem Internat untergebracht.

Auch an dieser Stelle noch einmal zur Verdeutlichung: Ein Rehabilitationsverfahren kommt auch dann infrage, wenn kein Schwerbehindertenstatus besteht.

Eine Friseurin, die wegen einer Allergie gegen Haarfärbemittel ihren Beruf nicht mehr ausüben kann und umgeschult werden muss, ist Rehabilitandin, auch wenn sie keinen Schwerbehindertenausweis hat.

Die Qualifizierung in einem Berufsförderungswerk ist darauf ausgerichtet, nicht nur fachliche Inhalte zu vermitteln, sondern auch die Persönlichkeit der Teilnehmerinnen und Teilnehmer zu entwickeln und zu fördern. Das Angebot umfasst unter anderem

- Berufsausbildungen mit einem Kammerabschluss,
- kurzzeitige Qualifizierungen mit Zertifikat,
- individuelle Anpassungen an die Erfordernisse des ersten Arbeitsmarkts.

In Deutschland gibt es derzeit 28 Berufsförderungswerke mit rund 15.000 Ausbildungsplätzen und rund 180 Ausbildungsberufen oder Teilqualifikationen.

Auf der Internetseite www.arge-bfw.de der Arbeitsgemeinschaft Deutscher Berufsförderungswerke erhalten Sie einen guten Überblick über die Angebote und Anlaufstellen für diese Form der beruflichen Rehabilitation.

Berufsbildungswerke für behinderte Jugendliche

Für behinderte Jugendliche gibt es spezielle Einrichtungen, die Berufsbildungswerke (BBW). Das sind Einrichtungen der beruflichen Rehabilitation, der Erstausbildung und Berufsvorbereitung körperlich oder psychisch beeinträchtigter und benachteiligter junger Menschen. In den 52 Berufsbildungswerken in Deutschland gibt es insgesamt knapp 14.000 Ausbildungsplätze in über 200 verschiedenen Berufen. Weitere Informationen dazu finden Sie auf Seite 57 ff.

Für psychisch behinderte Menschen gibt es in Deutschland sieben sogenannte Berufliche Trainingszentren mit rund 400 Plätzen.

Tipp

Auf der Internetseite www.bag-btz.de der Bundesarbeitsgemeinschaft Beruflicher Trainingszentren erhalten Interessenten viele weiterführende Informationen über die Zugangsvoraussetzungen und die Zuständigkeit der Rehabilitationsträger für diese Maßnahmen.

Bei Leistungen der beruflichen Rehabilitation zahlen die zuständigen Rehabilitationsträger in der Regel ein Übergangsgeld zur Sicherung des Lebensunterhalts. Der Grundbetrag beträgt 68 Prozent des letzten Nettoarbeitsentgelts. Wenn darauf kein Anspruch besteht, zum Beispiel weil nicht alle der maßgeblichen Vorschriften für das Übergangsgeld nach den §§ 45 ff. SGB IX erfüllt sind, kommen an seiner Stelle Leistungen zur Grundsicherung nach SGB II in Betracht. Für diese Leistungen muss aber Erwerbsfähigkeit bestehen. Die Grundsicherung nach SGB II und die Leistungen nach SGB IX ergänzen sich sinnvoll: Erstere sorgt für den Lebensunterhalt, letztere für die Rehabilitation. Behinderte Rehabilitanden erhalten dazu unter Umständen noch einen Mehrbedarfszuschlag. Bei der beruflichen Erstausbildung gibt es anstelle eines Übergangsgelds ein Ausbildungsgeld. Auch Fahrtkosten und Kosten für eine notwendige Begleitperson können übernommen werden. Ebenso ist die Einbeziehung in die Sozialversicherung sichergestellt.

Tipp

Beim Bundesministerium für Arbeit und Soziales können Sie kostenlos die Broschüre „Grundsicherung für Arbeitsuchende" bestellen, auf www.bmas.bund.de.

Eine Werkstatt für behinderte Menschen (WfbM) ist eine Einrichtung zur Teilhabe behinderter Menschen am Arbeitsleben und zur Eingliederung in das Arbeitsleben (§ 136 SGB IX) sowie außerdem eine berufliche Rehabilitationseinrichtung. Eine solche Werkstatt bietet denjenigen Menschen, die aufgrund der Art oder Schwere ihrer Behinderung nicht, noch nicht oder noch nicht wieder auf dem allgemeinen Arbeitsmarkt tätig sein können, Gelegenheit zur Ausübung einer geeigneten Tätigkeit. Auf die Art oder die Ursache der Behinderung kommt es dabei nicht an, allerdings werden in den WfbM vorwiegend geistig behinderte Menschen beschäftigt. Es gibt in Deutschland rund 700 anerkannte Werkstätten, in denen ungefähr 275.000 behinderte Menschen arbeiten.

Grundsätzlicher Aufnahmeanspruch

Die WfbM muss es den behinderten Menschen ermöglichen, ihre Leistungsfähigkeit zu entwickeln oder wiederzugewinnen. Grundsätzlich besteht seitens des behinderten Menschen ein Aufnahmeanspruch. Voraussetzung für die Aufnahme in eine WfbM ist allerdings, dass der behinderte Mensch voraussichtlich ein Mindestmaß an wirtschaftlich verwertbarer Arbeitsleistung erbringen wird. Wenn er sich oder andere trotz Betreuung erheblich gefährdet oder eine Betreuung und Pflege innerhalb der Werkstatt benötigt, die eine betrieblich verwertbare Arbeitsleistung nicht zulassen, kann er nicht aufgenommen werden. Vielen Werkstätten sind deshalb eigene Einrichtungen zur Betreuung von schwerst- oder schwer mehrfachbehinderten Menschen angegliedert (Tagesförderstätten). Die Aufnahme und Arbeit in einer WfbM erfolgt in mehreren Schritten:

Keine Aufnahme bei Gefährdung oder nicht betrieblich verwertbarer Arbeitsleistung

- **Eingangsverfahren:** Im Eingangsverfahren der WfbM wird ermittelt, ob der behinderte Mensch in einer WfbM tätig sein kann und für welche Tätigkeiten er geeignet ist.
- **Berufsbildungsbereich:** In diesem Bereich der WfbM soll der behinderte Mensch in seiner Leistungsfähigkeit und Persönlichkeitsentwicklung so weit gefördert werden, dass

eine geeignete Beschäftigung im Arbeitsbereich der WfbM oder auch auf dem allgemeinen Arbeitsmarkt möglich ist.

- **Arbeitsbereich:** Die WfbM soll im Arbeitsbereich über ein möglichst breites Angebot an Arbeitsplätzen zur Ausübung geeigneter Tätigkeiten verfügen. Der Bereich ist ausgerichtet auf die Abwicklung der Produktionsaufträge und die Erbringung von Dienstleistungen. Die Arbeitsplätze in diesem Bereich müssen einerseits den Erfordernissen der Arbeitswelt, andererseits aber auch den besonderen Bedürfnissen der behinderten Menschen Rechnung tragen. Wenn möglich, wird für behinderte Beschäftigte der WfbM der Übergang auf den allgemeinen Arbeitsmarkt angestrebt.

Je nachdem, in welchem Bereich der WfbM der behinderte Mensch tätig ist, deckt in der Regel entweder die Agentur für Arbeit oder der überörtliche Träger der Sozialhilfe die entstehenden Kosten. Die in der WfbM beschäftigten behinderten Menschen haben einen arbeitnehmerähnlichen Rechtsstatus. Sie erhalten ein geringes Arbeitsentgelt, das aus dem Produktionserlös der WfbM gezahlt wird, und sind unfall-, kranken-, pflege- und rentenversichert.

TEILHABE AM LEBEN IN DER GEMEINSCHAFT

Behinderte und von Behinderung bedrohte Menschen haben außer auf die bereits beschriebenen Leistungen auch Anspruch auf Leistungen zur Teilhabe am Leben in der Gemeinschaft. Der frühere Begriff „soziale Rehabilitation" wird heute nicht mehr verwendet.

„Soziale Leistungen"

Das SGB IX stellt klar, dass zu einer vollen Teilhabe am Leben in der Gemeinschaft außer der medizinischen Rehabilitation und Leistungen zur Teilhabe am Arbeitsleben häufig weitere Leistungen gehören. Diese „sozialen" Leistungen sind als Leistungen zur Teilhabe am Leben in der Gemeinschaft in das

SGB IX aufgenommen worden. Sie werden in § 55 SGB IX beschrieben. Dazu zählen:

- Versorgung mit anderen als den in § 31 genannten Hilfsmitteln oder den in § 33 genannten Hilfen,
- heilpädagogische Leistungen für Kinder, die noch nicht eingeschult sind,
- Hilfen zum Erwerb praktischer Kenntnisse und Fähigkeiten, die erforderlich und geeignet sind, behinderten Menschen die für sie erreichbare Teilnahme am Leben in der Gemeinschaft zu ermöglichen,
- Hilfen zur Verständigung mit der Umwelt,
- Hilfen bei der Beschaffung, Ausstattung und Erhaltung einer Wohnung, die den besonderen Bedürfnissen des behinderten Menschen entspricht,
- Hilfen zu selbstbestimmtem Leben in betreuten Wohnmöglichkeiten,
- Hilfen zur Teilhabe am gemeinschaftlichen und kulturellen Leben.

Stellen der Sozial- und Jugendhilfe als Rehabilitationsträger

Mit dem SGB IX sind die Träger der Sozial- und Jugendhilfe in den Kreis der Rehabilitationsträger einbezogen. Sie sind für Leistungen zur Teilhabe am Leben in der Gemeinschaft zuständig, soweit keine Zuständigkeit der Unfallversicherung oder Kriegsopferfürsorge gegeben ist.

Im weiteren Sinne versteht man unter den Leistungen zur Teilhabe am Leben in der Gemeinschaft auch die Rechte, die das Behindertengleichstellungsgesetz und die große Palette an Nachteilsausgleichen bieten. Weitere Informationen dazu finden Sie auf Seite 112 ff.

04

HILFEN FÜR BEHINDERTE KINDER UND JUGENDLICHE

Wenn ein Kind mit Behinderung geboren wird, ist das oft ein Schock für die Eltern. Doch auch dieses Kind wird seinen Weg machen und eine Bereicherung für seine Eltern sein. Im folgenden Kapitel geht es um Kinder mit schweren Behinderungen, zum Beispiel einem Downsyndrom, einer geistigen Behinderung, einer schweren Lernbehinderung oder einer gravierenden Sinnes- oder Körperbehinderung.

FRÜHFÖRDERUNG UND BESONDERE SCHULANGEBOTE FÜR BEHINDERTE KINDER

Mögliche Schädigungen frühzeitig erkennen

Wird nach der Geburt oder im Rahmen der obligatorischen Vorsorgeuntersuchungen bei einem Kind eine Gesundheitsstörung festgestellt, ist eine sogenannte Frühförderung möglich. Damit sollen Schädigungen frühzeitig verhindert, erkannt, beseitigt oder wenigstens in ihren Auswirkungen gemindert werden.

Frühförderstellen in ganz Deutschland

Unter Frühförderung versteht man ein System früher Hilfen für behinderte oder von Behinderung bedrohte Kinder bis zum Schuleintritt. Sie umfasst die Früherkennung, die Behandlung und die heilpädagogische Förderung sowie die Beratung der Eltern. Dafür sind Sozialpädiatrische Zentren und interdisziplinäre Frühförderstellen zuständig. Es gibt allgemeine oder regionale Frühförderstellen, die eine wohnortnahe Versorgung leisten und bei allen Behinderungsarten zuständig sind. Es gibt aber auch spezielle und überregionale Frühförderstellen für Kinder mit Sinnes- und Sprachbehinderungen. „Interdisziplinär" bedeutet, dass in diesen Forschungseinrichtungen medizinische und pädagogische Fachkräfte zusammenarbeiten. Die Frühförderstellen sind häufig an Förderschulen angegliedert. Die Sozialpädiatrischen Zentren – Sozialpädiatrie ist die Wissenschaft der Kinderheilkunde und Jugendmedizin unter Berücksichtigung des sozialen Umfelds – sind spezialisierte und überregionale Einrichtungen für die Kinder, die aufgrund der Art, der Schwere oder der Dauer ihrer Krankheit nicht von Ärzten am Wohnort oder in den Frühförderstellen behandelt werden können. Die Sozialpädiatrischen Zentren betreuen Säuglinge, Kinder und Jugendliche mit Auffälligkeiten und Störungen in allen Teilbereichen der Entwicklung.

Sozialpädiatrische Zentren

Störungen und Auffälligkeiten bei Kindern und Jugendlichen in der Entwicklung

- Bewegungsstörungen,
- Wahrnehmungsstörungen,
- Sprachstörungen,
- Mund-/Essstörungen,
- Teilleistungsstörungen,
- Lernstörungen,
- Anfallsleiden,
- Aufmerksamkeitsstörungen,
- Verhaltensprobleme,
- frühkindliche Regulationsstörungen,
- Interaktionsstörungen,
- geistige Behinderungen,
- Mehrfachbehinderungen.

Wenn Sie Auffälligkeiten in der Entwicklung Ihres Kinds feststellen, sollten Sie sich zunächst an Ihren Kinderarzt wenden. Er wird entscheiden, ob eine Vorstellung bei einem Sozialpädiatrischen Zentrum erforderlich ist.

Zu den Aufgaben eines Sozialpädiatrischen Zentrums zählen Diagnostik, Beratung und Behandlung bei Entwicklungsstörungen, drohenden oder manifesten Behinderungen sowie Verhaltens- oder seelischen Störungen.

Die Betreuung der Patienten erfolgt in Form einer ambulanten interdisziplinären Zusammenarbeit medizinischer, psychologischer, pädagogischer und sozialer Dienste:

- neuropädiatrische Sprechstunde,
- Epilepsiesprechstunde,

- neuromuskuläre Sprechstunde,
- Cerebralparesen-/Botoxsprechstunde,
- Entwicklungsdiagnostik,
- psychologische Aufgabengebiete,
- Schrei-Baby-Ambulanz,
- Logopädie,
- Physiotherapie.

Frühförderverordnung

Einzelheiten der Frühförderung sind in § 30 SGB IX und in der „Verordnung zur Früherkennung und Frühförderung behinderter und von Behinderung bedrohter Kinder (Frühförderverordnung)" geregelt. Die Frühförderung ist häufig mit heilpädagogischen Leistungen nach § 56 SGB IX verbunden. Wenn mehrere Rehabilitationsträger zuständig sind (Sozialhilfeträger und Krankenkassen), tragen sie die Kosten anteilig.

Tipp

Auf der Internetseite des Bundesministeriums für Arbeit und Soziales – www.bmas.bund.de – können Sie die kostenlose Broschüre „Einrichtungen und Stellen der Frühförderung" bestellen.

Behinderte Kinder können entweder in spezialisierten Kindergärten (Sonderkindergärten), unter Umständen aber auch in integrativen Kindergärten zusammen mit nicht behinderten Kindern betreut werden.

Aufgrund der Kultushoheit der einzelnen Bundesländer ist die schulische Versorgung von behinderten Kindern und Jugendlichen mit einem sonderpädagogischen Förderbedarf sehr unterschiedlich geregelt. Alle Organisationsformen verfolgen aber dasselbe Ziel: behinderten Kindern und Jugendlichen die gleichen Bildungschancen zu geben wie nicht behinderten. Kinder und Jugendliche, die wegen ihrer spezifischen Behinderung besondere Rahmen- und Förderbedingungen für das Lernen brauchen, lernen in Förderschulen – in manchen Bundesländern auch „Sonderschulen" genannt. Für geistig behinderte, körperbehinderte, hörgeschädigte, blinde/sehbehinderte, sprachbehinderte und lernbehinderte Kinder und Jugendliche gibt es spezielle Schulformen. Eine besondere soziale Förderung bieten Schulen für Erziehungshilfe verhaltensauffälligen Kindern. Der sonderpädagogische Förderbedarf kann auch in allgemeinen Schulen in speziellen integrativen Klassen erfolgen. Auch die Erfüllung der Berufsschulpflicht für behinderte Jugendliche ist in den Bundesländern unterschiedlich geregelt.

Letztlich entscheidet das Schulamt aufgrund eines pädagogisch-psychologischen Gutachtens, ob ein Kind eine Förder- oder Sonderschule besuchen soll oder nicht.

Tipp

Eltern können sich zur Schulwegentscheidung bei Bildungsberatungsstellen oder schulpsychologischen Diensten beraten lassen. Auf der Internetseite www.schulpsychologie.de finden Sie die Adressen von schulpsychologischen Beratungsstellen in ganz Deutschland.

WIE GEHT ES NACH DER FÖRDERSCHULE WEITER?

Schon vor Ende der Schulzeit sollte automatisch eine im Schulsystem vorgesehene Beratung erfolgen. Die entscheidende Frage ist, ob das Kind bzw. der Jugendliche in einer Werkstatt für behinderte Menschen beschäftigt werden soll oder ob er gegebenenfalls mit zusätzlicher Förderung eine Chance auf dem allgemeinen Arbeitsmarkt hat. Hat ein Kind schwerste Behinderungen, ist unwahrscheinlich, dass es den Anforderungen des Arbeitsmarkts gerecht werden kann. In diesem Fall ist die Werkstatt für behinderte Menschen eine gute Alternative.

UNTERSTÜTZTE BESCHÄFTIGUNG

In den letzten Jahren wird verstärkt darüber geklagt, dass der Wechsel aus den Förderschulen in die Werkstätten für behinderte Menschen häufig quasi automatisch erfolgt, obwohl das nicht in jedem Fall zwingend notwendig wäre. Der schwierige Arbeitsmarkt der letzten Jahre hat diese Entwicklung sicher begünstigt. Oft erscheint die Aufnahme in eine Werkstatt für behinderte Menschen als der einfachste Weg. Doch immer mehr Eltern und behinderte Jugendliche suchen trotz der relativ guten Versorgungssituation in den Werkstätten nach Alter-

Selbst den Lebensunterhalt sichern

nativen auf dem allgemeinen Arbeitsmarkt, wo sie selbst ihren Lebensunterhalt verdienen können.

Unterstützte Beschäftigung statt Berufsausbildung

Am 1. Januar 2009 trat eine Änderung des SGB IX mit einer neuen Fördermöglichkeit mit der Bezeichnung „Unterstützte Beschäftigung" in Kraft. Diese Änderung soll es mehr Menschen als bisher ermöglichen, ihren Lebensunterhalt außerhalb von Werkstätten für behinderte Menschen auf dem allgemeinen Arbeitsmarkt zu verdienen. Vor allem Schulabgängerinnen und Schulabgänger aus den Förderschulen sollen so eine bessere Perspektive bekommen. Dabei geht es um junge Menschen, für die eine Berufsausbildung aufgrund der Art und Schwere ihrer Behinderung nicht in Betracht kommt, bei denen aber gleichwohl die Aussicht besteht, dass eine Beschäftigung mithilfe der Unterstützten Beschäftigung gelingen kann. Wesentlich bei der Unterstützten Beschäftigung ist der Grundsatz: „Erst platzieren, dann qualifizieren".

Qualifizierungsphase

Die Unterstützte Beschäftigung soll in zwei Schritten verlaufen: In einer zwei- bis maximal dreijährigen Qualifizierungsphase sollen berufliche Schlüsselqualifikationen, zum Beispiel Konzentration auf die Arbeit, Zuverlässigkeit und Pünktlichkeit, gefördert werden. Auf betrieblichen Erprobungsplätzen sollen die Fähigkeiten der behinderten Menschen für die Praxis getestet und weiterentwickelt werden. Ist eine geeignete Tätigkeit gefunden, die auch eine Perspektive zur Übernahme bietet, erfolgt die Einarbeitung auf diesen Arbeitsplatz. Zwischen den verschiedenen Maßnahmen soll es aber auch durchlässig bleiben: Wird festgestellt, dass die Beschäftigung in einer Werkstatt doch der bessere Weg wäre, dann wird diese Lösung verfolgt. Denkbar ist auch der Wechsel in eine berufsvorbereitende Bildungsmaßnahme oder in eine Berufsausbildung, falls sich dieser Weg als gangbar erweist. Durchgeführt wird diese Qualifizierungsphase von einem Träger der Unterstützten Beschäftigung. Das kann ein Integrationsfachdienst sein, aber auch ein sonstiger Dritter. Beauftragt und finanziert wird der

Träger der Unterstützten Beschäftigung von den zuständigen Rehabilitationsträgern, wobei insbesondere bei den Schulabgängern die Bundesagentur für Arbeit zuständig sein wird.

Berufsbegleitung

Nach dem Zustandekommen eines sozialversicherungspflichtigen Arbeitsverhältnisses soll eine weitere enge Begleitung am Arbeitsplatz stattfinden. Sie soll die erreichten Erfolge stabilisieren. Für diese zweite Phase der Unterstützten Beschäftigung, die das Gesetz als „Berufsbegleitung" bezeichnet, sind die Integrationsämter zuständig, die sich ebenfalls externer Träger bedienen.

Erfahrungen mit dieser Gesetzesänderung lagen bei Redaktionsschluss dieses Buchs noch nicht vor. Sie baut jedoch auf den Erfolgen vorausgegangener regionaler Modellvorhaben auf.

AUSBILDUNG IN EINEM BERUFSBILDUNGSWERK BZW. EINER BERUFSVORBEREITENDEN BILDUNGSMASSNAHME

Für behinderte Jugendliche, deren Leistungsfähigkeit bessere Chancen auf dem allgemeinen Arbeitsmarkt verspricht, gibt es in Deutschland 52 Berufsbildungswerke. Dabei handelt es sich um Rehabilitationseinrichtungen zur beruflichen Erstausbildung von behinderten Jugendlichen, die auf besondere Hilfen angewiesen sind. Das Ziel ist ein Ausbildungsabschluss im Sinne des Berufsbildungsgesetzes. Es werden auch Maßnahmen zur Klärung der beruflichen Eignung, der Arbeitserprobung und der berufsvorbereitenden Förderung angeboten, soweit die Ausbildungs- und Berufsreife noch nicht vorhanden ist. Es gibt auch immer mehr sogenannte verzahnte Ausbildungen, bei denen die Ausbildung in einem Berufsbildungswerk mit der praktischen Ausbildung in einem normalen Betrieb verbunden wird. In den vergangenen Jahren machten

Ziel: anerkannter Ausbildungsabschluss

Verzahnte Ausbildung

einige sehr erfolgreiche Modelle von sich reden. Ziel ist die Beschäftigung auf dem allgemeinen Arbeitsmarkt.

Tipp

Eine sehr übersichtliche Darstellung der Angebote der Berufsbildungswerke erhalten Sie auf der Internetseite www.bagbbw.de der Bundesarbeitsgemeinschaft der Berufsbildungswerke. In der Broschüre „Berufsbildungswerke – Einrichtungen zur beruflichen Rehabilitation junger Menschen mit Behinderung" finden Sie ein Verzeichnis dieser Einrichtungen zur erstmaligen beruflichen Eingliederung behinderter Menschen. Die Broschüre ist ein Wegweiser für die berufliche Rehabilitation Jugendlicher und kann kostenlos beim Bundesministerium für Arbeit und Soziales bezogen werden.

Die Agenturen für Arbeit bieten für behinderte Jugendliche ein breites Leistungsspektrum. Außer der Berufsberatung hat auch die Berufsvorbereitende Bildungsmaßnahme (BvB) eine wichtige Aufgabe. Mit ihr sollen schulische Defizite und psychosoziale Probleme beseitigt werden, die der Aufnahme einer Ausbildung entgegenstehen. Die Maßnahme soll den Jugendlichen außerdem helfen, Klarheit über die berufliche Richtung zu gewinnen, die sie einschlagen wollen. Die Jugendlichen machen Praktika in Betrieben und erhalten Stützunterricht. Die Lehrgänge dauern in der Regel zwölf Monate. Das Konzept der BvB ist flexibel, das heißt, es müssen nicht alle Stufen durchlaufen werden und es ist jederzeit die Aufnahme einer Ausbildung möglich. Die rechtliche Grundlage findet sich in den §§ 59 ff. SGB III. Die Agenturen für Arbeit beraten zu den Möglichkeiten und fördern die Maßnahme finanziell.

Praktika und Stützunterricht

Wenn ein Ausbildungsplatz gefunden ist, erbringen die Agenturen für Arbeit oder die Integrationsämter verschiedene Förderleistungen. Beide können für die behinderungsgerechte Einrichtung von vorhandenen Ausbildungsplätzen zuständig sein. Die Integrationsämter kümmern sich zusätzlich um die Schaffung neuer Ausbildungsplätze für schwerbehinderte Menschen, sind also für die Grundinvestition zuständig. Die Agenturen für Arbeit erbringen wiederum Zuschüsse zur Ausbildungsvergütung behinderter Menschen. In der Regel sind das bei behinderten Auszubildenden bis zu 60 Prozent der mo-

Die verschiedenen Förderleistungen

natlichen Ausbildungsvergütung, bei schwerbehinderten Menschen bis zu 80 Prozent. Zuschüsse zu Prüfungsgebühren können für besonders betroffene schwerbehinderte Menschen vom Integrationsamt erbracht werden, ebenso Zuschüsse zu den Kosten der Berufsausbildung für behinderte Jugendliche und junge Erwachsene, die für die Zeit der Berufsausbildung schwerbehinderten Menschen gleichgestellt werden.

Das Buch von Ulrike Schuler, „Azubi mit Handicap" (Bertelsmann Verlag), enthält nützliche Hinweise für die Suche nach einem Ausbildungsplatz. In der kostenlosen Broschüre der Bundesarbeitsgemeinschaft der Integrationsämter, „Perspektive Arbeitsmarkt – Junge Menschen mit Behinderung qualifizieren, ausbilden, beschäftigen", die Sie bei den Integrationsämtern erhalten, finden Sie ebenfalls zahlreiche Hinweise und viele Fallbeispiele.

Tipp

Die Internetplattform www.intakt.info für Eltern von Kindern mit Behinderung stellt zahlreiche Informationen zum Thema bereit. Die sehr gute Broschüre „Mein Kind ist behindert – diese Hilfen gibt es" (Stand Januar 2012) des Bundesverbands für körper- und mehrfachbehinderte Menschen e. V. können Sie als pdf-Datei unter www.bvkm.de/recht/rechtsratgeber/mein_kind_ist_behindert.pdf herunterladen.

STUDIUM UND BEHINDERUNG

Natürlich ist nicht jede Behinderung so schwer, dass sie eine qualifizierte Ausbildung oder auch ein Studium unmöglich macht. Wenn ein behinderter junger Mensch seine Schulausbildung mit einer Studienberechtigung abschließen konnte, finden sich auch Lösungen für die Durchführung eines Studiums. Das Hochschulrahmengesetz verpflichtet die Hochschulen, dafür zu sorgen, dass behinderte Studierende in ihrem Studium nicht benachteiligt werden und die Angebote der Hochschule möglichst ohne fremde Hilfe in Anspruch nehmen können. An den meisten Hochschulen gibt es daher

Hochschulrahmengesetz

Beratung für behinderte Studierende

Ansprechpartner für Studierende und Studienbewerber mit Behinderung/chronischer Krankheit, die sie beraten und unterstützen. Außerdem gibt es an vielen Hochschulen Interessengemeinschaften von behinderten Studierenden, von denen man sich beraten lassen kann.

Die Informations- und Beratungsstelle „Studium und Behinderung" des Deutschen Studentenwerks beantwortet gern weitere Fragen zum Thema. Adressen und Informationen – zum Beispiel zur Bewerbung, zur Zulassung zum Studium, zur Finanzierung oder zu Nachteilsausgleichsregelungen bei Prüfungen – finden Sie in der kostenlosen Broschüre „Studium und Behinderung", die die Beratungsstelle herausgibt. Sie können sie auch auf www.studenten werke.de/behinderung unter dem Stichwort „Infos kompakt" herunterladen.

DER BEHINDERTE MENSCH AUF DEM ARBEITSMARKT

05

Ein wesentlicher Aspekt des Behindertenrechts liegt in der beruflichen Eingliederung des betroffenen Personenkreises. Alle in diesem Zusammenhang bestehenden gesetzlichen Regelungen bezwecken die Erlangung eines Arbeitsplatzes oder die Sicherung eines bereits bestehenden Arbeitsplatzes. Hilfen kommen dabei sowohl für Behinderte, als auch für Arbeitgeber, die Behinderte beschäftigen, in Betracht.

Schwierige Arbeitsmarktlage

In der heutigen Arbeitswelt, die auf globalen Wettbewerb, Effizienz und Wirtschaftlichkeit ausgerichtet ist, haben es Menschen im Erwerbsalter oft nicht leicht. Zahlreiche Langzeitarbeitslose suchen vergeblich nach einer Beschäftigung. Viele Menschen müssen sich mit einem zeitlich befristeten Arbeitsverhältnis, mit einer Tätigkeit im Niedriglohnsektor oder mit der Arbeit als Leiharbeitnehmer in einer Zeitarbeitsfirma begnügen. Viele Existenzgründer scheitern und müssen nach einiger Zeit – oftmals hoch verschuldet – aufgeben.

Hohe Arbeitslosigkeit bei Behinderten

Probleme Langzeitarbeitslosigkeit und fehlende Berufsausbildung

Für ältere, kranke und behinderte Menschen scheint die Lage da von vornherein ziemlich aussichtslos. Die viel beschworenen gleichen Chancen für behinderte Menschen sind besonders schwer durchzusetzen, wenn es um die Teilhabe am Arbeitsleben geht. Vom Rückgang der Arbeitslosigkeit haben behinderte Menschen nur zeitlich verzögert und in geringerem Umfang profitiert – die Arbeitslosigkeit in dieser Gruppe ist nach wie vor überproportional hoch. Behinderte Menschen klagen über den starken Druck, dem sie sich in der Konkurrenz mit nicht behinderten Menschen ausgesetzt sehen. Vom Stellenabbau sind sie trotz gesetzlicher Schutzrechte nicht verschont. Viele behinderte Menschen sind auch langzeitarbeitslos. Wenn sie keine Berufsausbildung haben, ist ihre Situation besonders schwierig. Man kann davon ausgehen, dass rund eine Million schwerbehinderte Menschen in Deutschland im erwerbsfähigen Alter sind und potenziell zur Zielgruppe für Leistungen zur Teilhabe am Arbeitsleben gehören. Die Arbeitslosigkeit bei schwerbehinderten Menschen lag im Jahr 2011 bundesweit bei ca. 180.000. Rund 275.000 Behinderte arbeiten in Werkstätten für behinderte Menschen, die nicht zum allgemeinen Arbeitsmarkt zählen und weitgehend aus öffentlichen Mitteln subventioniert werden.

Das Schwerbehindertengesetz

Die Politik ist seit Jahren bemüht, für behinderte Menschen bessere Chancen auf dem Arbeitsmarkt zu schaffen. Die gesetzlichen Regelungen, Leistungen und Schutzrechte wurden mehrfach verbessert. Mitte der 1970er-Jahre wurde das Schwerbehindertengesetz geschaffen, im Jahr 2000 wurde es durch das „Gesetz zur Bekämpfung der Arbeitslosigkeit Schwerbehinderter" geändert. 2001 wurde das Schwerbehindertengesetz in das neu geschaffene SGB IX eingefügt, das 2004 durch das „Gesetz zur Förderung der Ausbildung und Beschäftigung schwerbehinderter Menschen" ergänzt wurde. Anfang 2009 kam das Gesetz zur Einführung der „Unterstützten Beschäftigung" im SGB IX als weitere Leistungsmöglichkeit hinzu. An Schutzrechten und Fördermöglichkeiten fehlt es im deutschen Behindertenrecht jedenfalls nicht. Die gesetzlichen Regelungen wurden auch immer wieder durch befristete Arbeitsmarktprogramme ergänzt, um ihre Wirkung zu verstärken.

Schutzrechte und Fördermöglichkeiten

Problematisch ist aber nach wie vor, dass gehandicapte Mitbürgerinnen und Mitbürger von ihren Mitmenschen häufig nicht akzeptiert werden. Ein gesellschaftliches Problem, das trotz gewisser Verbesserungen bis heute nicht vollständig gelöst ist. Oft führt erst die eigene Erfahrung mit einer Behinderung als Betroffener, Angehöriger oder im engeren Freundes- und Bekanntenkreis dazu, sich dem Thema zu stellen und Vorurteile abzubauen. Das gilt allgemein für die gleichberechtigte Teilhabe behinderter Menschen, aber ganz besonders, wenn es um das Thema Arbeit geht. Auch aus diesem Grund leisten Politik und die zuständigen Verwaltungen sehr viel Öffentlichkeitsarbeit, mit der geworben und sensibilisiert werden soll. Seit einigen Jahren läuft zum Beispiel die Initiative „job – Jobs ohne Barrieren" der Bundesregierung, die genau dies zum Ziel hat. Natürlich gibt es auch viele Arbeitgeber, die ihrer sozialen Verpflichtung zur Beschäftigung schwerbehinderter Menschen in vorbildlicher Weise nachkommen. Indem diese Arbeitgeber öffentlich ausgezeichnet werden, soll das öffentliche Bewusstsein positiv beeinflusst werden.

Jobs ohne Barrieren

Das in Teil 2 des SGB IX enthaltene Schwerbehindertenrecht sieht in diesem Zusammenhang umfangreiche Regelungen vor, für die im Wesentlichen die Integrationsämter zuständig sind.

DIE AUFGABEN DES INTEGRATIONSAMTS

Die Aufgaben des Integrationsamts sind in § 102 SGB IX beschrieben. Wesentlich sind

- die Erhebung und Verwendung der Ausgleichsabgabe,
- die begleitende Hilfe im Arbeitsleben,
- der besondere Kündigungsschutz für schwerbehinderte Menschen,
- Seminare für das betriebliche Integrationsteam, wozu insbesondere die gewählten Schwerbehindertenvertretungen zählen, und eine gezielte Öffentlichkeitsarbeit, um die Beschäftigungschancen zu verbessern.

Individuelle Leistungen für den Arbeitnehmer

Die Leistungen des Integrationsamts – persönlicher und materieller Art – stellen eine individuelle, auf die besonderen Anforderungen des Arbeitsplatzes abgestimmte Ergänzung zu den Leistungen der Rehabilitationsträger dar. Das Integrationsamt ist selbst kein Rehabilitationsträger, arbeitet aber eng mit diesen zusammen. Es versteht sich als Dienstleister für Arbeitgeber, schwerbehinderte Menschen und alle, die etwas mit der Beschäftigung schwerbehinderter Menschen zu tun haben. Die Integrationsämter sind in den einzelnen Bundesländern bei Kommunalverbänden oder als Landesbehörden organisiert (Adressen lesen Sie im Anhang). Sie sind in der Bundesarbeitsgemeinschaft der Integrationsämter und Hauptfürsorgestellen zusammengeschlossen.

Tipp

Im Internet finden Sie unter www.integrationsaemter.de ein sehr gutes Informationsangebot.

Bevor ich auf die Aufgaben der Integrationsämter im Einzelnen eingehe, erläutere ich zunächst die Grundregelungen des Schwerbehindertenrechts im SGB IX und hier insbesondere die Pflichten der Arbeitgeber.

PFLICHTEN DES ARBEITGEBERS

Alle öffentlichen und privaten Arbeitgeber mit mindestens 20 Arbeitsplätzen sind verpflichtet, wenigstens 5 Prozent davon mit schwerbehinderten oder gleichgestellten Menschen zu besetzen. Geregelt ist dies in den §§ 71 ff. SGB IX. Für jeden nicht besetzten Pflichtarbeitsplatz muss der Arbeitgeber eine Ausgleichsabgabe bezahlen, die in ihrer Höhe danach gestaffelt ist, ob und inwieweit die Pflichtquote nicht erfüllt ist, und die zwischen 115 und 290 Euro pro Monat beträgt. Die Ausgleichsabgabe soll die Arbeitgeber dazu veranlassen, schwerbehinderte Menschen zu beschäftigen. Vom Gesetz her hat der Arbeitgeber eigentlich keine Wahlfreiheit, ob er schwerbehinderte Menschen beschäftigt oder stattdessen doch lieber die Ausgleichsabgabe bezahlt. Tatsächlich besteht eine solche Wahlfreiheit aber schon. Die Nichtbeschäftigung wird zumindest im Normalfall nicht weiter sanktioniert, obwohl nach dem SGB IX sogar Bußgelder möglich sind. Solche werden aber nur in sehr wenigen Einzelfällen verhängt. Neben der sogenannten Antriebsfunktion hat die Ausgleichsabgabe aber auch eine Ausgleichsfunktion: Arbeitgeber, die keine oder zu wenige schwerbehinderte Mitarbeiter beschäftigen, sollen gegenüber anderen Arbeitgebern, die dieser Verpflichtung nachkommen, wenigstens wirtschaftlich nicht im Vorteil sein. Die Beschäftigung behinderter Menschen kann sonst schnell zu einem Wettbewerbsnachteil werden, wenn man zum Beispiel daran denkt, dass diese Menschen auch dann, wenn sie eine vollwertige Leistung erbringen, zumindest einen besonderen Zusatzurlaub beanspruchen können. Auch wegen dieser Ausgleichsfunktion ist die Ausgleichsabgabe

Pflichtarbeitsplatz und Ausgleichsabgabe

Bußgelder sind die Ausnahme

Wettbewerbsnachteil befürchtet

als Sonderabgabe neben den sonstigen Einnahmen des Staats sinnvoll und ihre Rechtmäßigkeit wurde wiederholt vom Bundesverfassungsgericht bestätigt. Jährlich werden bundesweit rund 500 Millionen Euro als Ausgleichsabgabe entrichtet.

Nachweispflicht

Die Arbeitgeber müssen gegenüber den Agenturen für Arbeit jährlich nachweisen, inwieweit sie ihre Pflicht zur Beschäftigung schwerbehinderter Menschen erfüllen, und ihre gegebenenfalls fällige Ausgleichsabgabe an die Integrationsämter entrichten. Diese verwalten die eingenommenen Gelder und verwenden sie auf vielfältige Weise, aber immer zugunsten der Beschäftigung schwerbehinderter Menschen. Das SGB IX und die Schwerbehinderten-Ausgleichsabgabeverordnung regeln diese Verwendungsmöglichkeiten im Einzelnen. Neben Leistungen an Arbeitgeber, zum Beispiel zur behinderungsgerechten Gestaltung von Arbeitsplätzen oder für Lohnkostenzuschüsse, gibt es auch unterschiedliche Leistungen, die direkt an schwerbehinderte Menschen erbracht werden können.

Aufgabe des Arbeitgebers ist in diesem Zusammenhang nicht nur die Erfüllung der Pflichtquote. Er muss prüfen, ob freie Arbeitsplätze mit schwerbehinderten Menschen besetzt werden können, und daher frühzeitig Kontakt mit der Agentur für Arbeit aufnehmen, wenn eine Stelle frei ist. Die Agentur für Arbeit kann dem Arbeitgeber mitteilen, ob für ihn geeignete arbeitslose schwerbehinderte Bewerber zur Verfügung stehen und gegebenenfalls Vorschläge machen. Über die Vermittlungsvorschläge der Agentur für Arbeit und vorliegende Bewerbungen schwerbehinderter Menschen haben die Arbeitgeber – soweit vorhanden – die Schwerbehindertenvertretung und den Betriebs- oder Personalrat zu unterrichten. Bei unterschiedlichen Meinungen über die Personalauswahl ist der Arbeitgeber verpflichtet, die Gründe, sich gegen den schwerbehinderten Bewerber zu entscheiden, darzulegen und zu erörtern. Die endgültige Entscheidung liegt dann aber doch allein beim Arbeitgeber.

Benachteiligungsverbot

Schwerbehinderte Beschäftigte dürfen vom Arbeitgeber nicht wegen ihrer Behinderung benachteiligt werden. Früher war das Benachteiligungsverbot im Einzelnen im SGB IX selbst geregelt, seit dem Jahr 2006 findet man Näheres dazu im Allgemeinen Gleichbehandlungsgesetz (AGG), das bei einer Benachteiligung auch einen Schadenersatzanspruch vorsieht. Das AGG verbietet aber nicht nur die Benachteiligung beschäftigter Mitarbeiter, sondern auch die Benachteiligung von behinderten Bewerbern.

Fortbildungsmaßnahmen

Schwerbehinderte Beschäftigte haben gegenüber ihrem Arbeitgeber Anspruch auf eine Beschäftigung, bei der sie ihre Fähigkeiten und Kenntnisse voll einsetzen können. Außerdem sollen sie bei Fortbildungsmaßnahmen bevorzugt berücksichtigt werden. Der Arbeitgeber muss behinderungsgerecht eingerichtete Arbeitsplätze zur Verfügung stellen und sie gegebenenfalls mit technischen Arbeitshilfen ausstatten. Er bekommt dafür Unterstützung von der Agentur für Arbeit und vom Integrationsamt. Auch die Verpflichtung zur Einrichtung von Teilzeitarbeitsplätzen ist geregelt, wenn eine Vollzeitarbeit aufgrund der Art und Schwere der Behinderung nicht möglich ist.

Integrationsvereinbarung

Eine weitere Verpflichtung des Arbeitgebers ist der Abschluss einer Integrationsvereinbarung mit der Schwerbehindertenvertretung und dem Betriebs- und Personalrat. Eine solche Vereinbarung enthält Regelungen im Zusammenhang mit der Eingliederung schwerbehinderter Menschen, zum Beispiel zur Personalplanung, Arbeitsplatzgestaltung oder Arbeitszeit. Sehr wichtig ist auch die Verpflichtung der Arbeitgeber zur Prävention einer dauerhaften Arbeitsunfähigkeit und zu einem Betrieblichen Eingliederungsmanagement in § 84 SGB IX. Ist das Arbeitsverhältnis eines schwerbehinderten Mitarbeiters wegen personen-, verhaltens- oder betriebsbedingter Schwierigkeiten gefährdet, muss der Arbeitgeber die Schwerbehindertenvertretung und den Betriebs- oder Personalrat sowie

Erhaltung des Arbeitsplatzes

das Integrationsamt einschalten. Es sollen möglichst frühzeitig alle Hilfsmöglichkeiten ausgeschöpft werden, um die Schwierigkeiten zu beseitigen und das Arbeitsverhältnis zu erhalten.

Wenn Sie befürchten, dass eine gesundheitliche Einschränkung zu einer Bedrohung Ihres Arbeitsplatzes werden könnte, können Sie auch selbst anregen, dass Möglichkeiten zur Prävention geprüft werden. Je früher das geschieht, umso besser.

Wenn jemand bei schwerer, körperlicher Arbeit von anhaltenden Rückenschmerzen geplagt wird, lässt sich möglicherweise durch eine ergonomisch bessere Ausstattung des Arbeitsplatzes, eine Hebehilfe oder eine Anordnung des Arbeitsplatzes, durch die ungünstige Arbeitspositionen oder schweres Tragen vermieden werden, Schlimmeres verhindern.

Das Betriebliche Eingliederungsmanagement

Eine spezielle Form der Prävention ist das Betriebliche Eingliederungsmanagement. Es wird angesichts des demografischen Wandels, der Anhebung der Rentenaltersgrenzen und damit den im Durchschnitt immer älteren Belegschaften immer wichtiger. Ziel ist die Früherkennung. So können Krankheitsursachen frühzeitig behoben werden und die Chancen auf Sicherung des bisherigen Arbeitsplatzes steigen. Prävention und betriebliche Eingliederung sollen vor Kündigung gehen.

Vorteil für Arbeitgeber und Arbeitnehmer

Vom Betrieblichen Eingliederungsmanagement profitieren nicht nur die Arbeitgeber, sondern vor allem die Beschäftigten selbst durch Erhaltung ihrer Gesundheit, ihrer Leistungsfähigkeit und ihrer Motivation. Als Betriebliches Eingliederungsmanagement bezeichnet man einerseits ein grundsätzliches Hilfesystem („Frühwarnsystem"), das im Betrieb vereinbart wird, um die Früherkennung zu ermöglichen und Maßnahmen zu ergreifen. Dazu gehören Fehlzeitenauswertungen, Ergebnisse von betriebsärztlichen Untersuchungen und Mitarbeiterbefragungen. Das Betriebliche Eingliederungsmanagement beinhaltet andererseits aber auch die individuelle Maßnahme im konkreten Einzelfall. Wichtig sind dabei Eingliederungsgespräche im Betrieb, ein Maßnahmenplan, seine Umsetzung und die Erfolgskontrolle. Als Maßnahmen kommen in Betracht:

- Umsetzung auf einen behinderungsgerechten Arbeitsplatz,
- technisch-organisatorische Umgestaltung des Arbeitsplatzes oder Arbeitsablaufs,
- Arbeitszeitreduzierung oder -änderung,
- eine stufenweise, von der Krankenkasse geförderte Wiedereingliederung.

Das Betriebliche Eingliederungsmanagement setzt bei einer länger dauernden Arbeitsunfähigkeit von mindestens sechs Wochen innerhalb eines Jahrs ein. Dann klärt der Arbeitgeber mit der Schwerbehindertenvertretung, dem Betriebs- und Personalrat und natürlich dem betroffenen Arbeitnehmer selbst, wie die Arbeitsunfähigkeit möglichst dauerhaft überwunden und mit welchen Hilfen oder Leistungen ihr vorgebeugt werden kann. Es können auch der Betriebsarzt oder externe Partner hinzugezogen werden. Das Gesetz nennt zum Beispiel die Gemeinsamen Servicestellen und die Integrationsämter als externe Unterstützung beim Betrieblichen Eingliederungsmanagement.

Ziel: Arbeitsunfähigkeit überwinden oder vermeiden

> Betriebliches Eingliederungsmanagement kann ein wirksames Instrument zur Erhaltung des Arbeitsplatzes sein. Wichtig ist: Der betroffene Arbeitnehmer muss selbst ausdrücklich damit einverstanden sein. Auch auf den Datenschutz ist zu achten. Schließlich soll das Betriebliche Eingliederungsmanagement nicht dazu führen, dass der ganze Betrieb von der Krankheitsgeschichte des betroffenen Mitarbeiters erfährt. Von den extern unterstützenden Institutionen sollte vor allem das Integrationsamt hinzugezogen werden, da es sicher über die größte Erfahrung auf diesem Gebiet verfügt.

DER BESONDERE KÜNDIGUNGS-SCHUTZ FÜR SCHWERBEHINDERTE MENSCHEN

Der besondere Kündigungsschutz nach den §§ 85 ff. SGB IX ist ein Kernstück des Schwerbehindertenrechts im zweiten Teil des SGB IX. Er steht Menschen zu, die entweder schwerbehindert sind (ab einem Grad der Behinderung von 50) oder bei einem Grad der Behinderung von mindestens 30 von der Agentur für Arbeit den schwerbehinderten Menschen gleichgestellt wurden. Zur Bedeutung des Begriffs der Gleichstellung siehe Kapitel 2, Seite 34 f.

BEGINN DES BESONDEREN KÜNDIGUNGS-SCHUTZES

Früher war der Beginn des Kündigungsschutzes sehr einfach: Wer einen Antrag auf Feststellung seiner Schwerbehinderteneigenschaft beim Versorgungsamt stellte, kam von vornherein in den Genuss des Kündigungsschutzes, zumindest bis zu einer eventuellen Ablehnung der Anerkennung einer Schwerbehinderteneigenschaft. Heute ist das alles leider viel komplizierter: Nach § 90 Abs. 2a SGB IX finden die Vorschriften des Kündigungsschutzes keine Anwendung, wenn zum Zeitpunkt der Kündigung die Schwerbehinderteneigenschaft nicht nachgewiesen ist. Ein Nachweis liegt vor, wenn das Versorgungsamt einen Grad der Behinderung von mindestens 50 festgestellt hat oder ein Gleichstellungsbescheid der Agentur für Arbeit vorhanden ist. Eine vorherige Vorlage des Bescheids beim Arbeitgeber ist allerdings nicht nötig. Kündigungsschutz besteht aber auch ohne einen Feststellungsbescheid, wenn die Schwerbehinderung offenkundig ist, zum Beispiel bei einer sichtbaren Gliedmaßenamputation.

Nachweis der Schwerbehindertenеigenschaft

Nur wenn sich ein Anerkennungsverfahren beim Versorgungsamt länger hinzieht, beginnt der Kündigungsschutz schon vor dem Erlass eines Bescheids. Die Vorschriften des besonderen Kündigungsschutzes werden aber nicht angewendet, wenn das Versorgungsamt nach Ablauf einer bestimmten Frist wegen fehlender Mitwirkung des Antragstellers keine Feststellung treffen konnte. Der besondere Kündigungsschutz gilt unter folgenden Voraussetzungen:

Wichtig: Mitwirkungsbereitschaft

05

- Es muss ein Antrag auf Gleichstellung oder Feststellung der Schwerbehinderteneigenschaft gestellt worden sein, und zwar drei Wochen vor Zugang der Kündigungserklärung.
- Das Versorgungsamt oder die Agentur für Arbeit hat innerhalb der Dreiwochenfrist keine Entscheidung getroffen, und zwar trotz ordnungsgemäßer Mitwirkung des Antragstellers.
- Wenn eine Feststellung des Versorgungsamts bezüglich eines GdB unterhalb von 50 bzw. eine ablehnende Entscheidung der Agentur für Arbeit erstinstanzlich erfolgt ist, findet der besondere Kündigungsschutz Anwendung, sofern gegen die erstinstanzliche Entscheidung Rechtsmittel eingelegt worden sind, das heißt die Entscheidung noch nicht rechtskräftig ist.

Tipp

Diese leider sehr komplizierten Einschränkungen lassen sich am besten dadurch vermeiden, dass man so früh wie möglich einen Antrag beim Versorgungsamt stellt. Das gilt vor allem dann, wenn man sich begründete Sorgen um seinen Arbeitsplatz machen muss. Besonders bei schweren Erkrankungen, zum Beispiel einem Herzinfarkt oder einer Krebserkrankung, sollte man sofort aktiv werden.

INHALT DES BESONDEREN KÜNDIGUNGSSCHUTZES

Der besondere Kündigungsschutz für schwerbehinderte Menschen bewirkt, dass der Arbeitgeber zur Kündigung des Arbeitsverhältnisses vorher die Zustimmung des Integrationsamts einholen muss. Das geschieht durch einen Bescheid, der sowohl dem Arbeitgeber als auch dem schwerbehinderten Ar-

Zustimmung des Integrationsamts

beitnehmer zugestellt wird. Diesen Bescheid kann man durch Rechtsbehelf überprüfen lassen. Erst wenn die Entscheidung des Integrationsamts in Form einer Zustimmung vorliegt, kann der Arbeitgeber die Kündigung wirksam erklären.

Unwirksame Kündigung

Wird eine Kündigung ohne vorherige Zustimmung des Integrationsamts ausgesprochen, ist sie unwirksam. Die Zustimmung durch das Integrationsamt kann ebenso wenig nachträglich erfolgen. Wenn der besondere Kündigungsschutz im Einzelfall keine Anwendung findet, zum Beispiel weil kein Nachweis über die Schwerbehinderteneigenschaft vorliegt, stellt das Integrationsamt ein sogenanntes Negativattest aus. Dieses hat dieselbe Wirkung wie eine erteilte Zustimmung und berechtigt den Arbeitgeber zur Kündigung.

Negativattest

Die Zustimmung ist für die ordentliche (§§ 85 ff. SGB IX) und für die außerordentliche Kündigung (§ 91 SGB IX) durch den Arbeitgeber notwendig.

Zustimmungsfrei ist die Beendigung des Arbeitsverhältnisses aber durch

- einen einvernehmlichen Aufhebungsvertrag zwischen Arbeitgeber und Arbeitnehmer,
- eine Kündigung von Seiten des schwerbehinderten Menschen selbst,
- Fristablauf bei einem befristeten Arbeitsverhältnis.

Beendigung des Arbeitsverhältnisses ohne Kündigung

Auch wenn die Beendigung des Arbeitsverhältnisses eines schwerbehinderten Menschen ohne Kündigung erfolgen soll – nämlich bei Eintritt einer Berufsunfähigkeit, einer Erwerbsunfähigkeit auf Zeit, einer teilweisen oder vollen Erwerbsminderung auf Zeit –, muss das Integrationsamt vorher zustimmen.

Ausnahmefälle

Es gibt allerdings auch Ausnahmen. So ist die Kündigung innerhalb von sechs Monaten ab Beginn des Arbeitsverhältnisses zustimmungsfrei. Oft entspricht diese Frist auch der Probezeit. Es genügt, wenn der Arbeitgeber die Kündigung innerhalb der Sechsmonatsfrist erklärt, selbst wenn die Kündigungsfrist danach endet. Zustimmungsfrei sind unter bestimmten Voraussetzungen auch Kündigungen von älteren schwerbehinderten Menschen, die sozial abgesichert sind.

VERHÄLTNIS DES BESONDEREN ZUM ALLGEMEINEN ARBEITSRECHTLICHEN KÜNDIGUNGSSCHUTZ

Der besondere Kündigungsschutz für schwerbehinderte Arbeitnehmer ist ein zusätzlicher Schutz. Der schwerbehinderte Mensch genießt natürlich wie jeder Arbeitnehmer allgemeinen Kündigungsschutz nach dem Kündigungsschutzgesetz (KSchG); dieses Gesetz ist allerdings nur ab einer bestimmten Mindestgröße des Arbeitgebers anzuwenden. Das Kündigungsverfahren ist nach SGB IX einem eventuell nachfolgenden arbeitsgerichtlichen Kündigungsverfahren entsprechend dem KSchG vorgeschaltet. Erst nach einer zustimmenden Entscheidung durch das Integrationsamt kann die Kündigung ausgesprochen werden. Daran anschließend kann der Arbeitnehmer die Kündigung anfechten.

Kündigungsschutzgesetz (KSchG)

Nach § 4 Satz 1 KSchG müssen alle Gründe, die zur Rechtsunwirksamkeit der Kündigung führen können, innerhalb von drei Wochen ab Zugang der Kündigung durch Klage beim Arbeitsgericht geltend gemacht werden. In den Fällen, in denen die Zustimmung des Integrationsamts erforderlich ist, beginnt die Klagefrist erst dann zu laufen, wenn die Zustimmung auch dem Arbeitnehmer zugestellt ist. Parallel dazu kann aber nicht nur die Kündigung selbst angefochten werden, sondern auch die Zustimmungsentscheidung des Integrationsamts. Diese ist immer mit einer Rechtsbehelfsbelehrung versehen.

Anfechtung einer Kündigung

Widerspruchsverfahren

Wird die Entscheidung des Integrationsamts angefochten, folgt zunächst ein Widerspruchsverfahren vor einem Widerspruchsausschuss beim Integrationsamt. Wird die dort getroffene Entscheidung von einer Partei nicht akzeptiert, schließt sich ein Verfahren vor dem Verwaltungsgericht an, in dem die Entscheidung überprüft wird. Die Überprüfung der Entscheidung des Integrationsamts erfolgt also auf einem anderen Rechtsweg (Verwaltungsgerichtsverfahren) als die Überprüfung der eigentlichen Kündigung (Arbeitsgerichtsverfahren).

Wenn der Arbeitgeber die Zustimmungsbedürftigkeit nicht kennt und kein Verfahren beim Integrationsamt einleitet, ist dies ebenfalls innerhalb von drei Wochen ab Zugang der Kündigung mit der Kündigungsschutzklage beim Arbeitsgericht geltend zu machen. Das Arbeitsgericht wird dann die Kündigung aufheben und der Arbeitgeber muss zunächst die Zustimmung des Integrationsamts einholen. Erst später kann er bei einer Zustimmung erneut kündigen. Seine erste Kündigung ist unwirksam und er muss eine neue Kündigungsfrist einhalten.

Verzichtet der schwerbehinderte Mensch, etwa durch eigene Kündigung oder durch Abschluss eines Aufhebungsvertrags, auf den besonderen Kündigungsschutz oder schließt er einen Abwicklungsvertrag, muss er nach seinem Ausscheiden möglicherweise finanzielle Nachteile in Kauf nehmen. Das kann beispielsweise eine Sperrzeit für die Zahlung des Arbeitslosengelds sein, wenn die Agentur für Arbeit feststellt, dass der Betroffene seinen Arbeitsplatz aus freien Stücken aufgegeben hat.

Es ist ganz wichtig, sich vor einer Eigenkündigung oder dem Abschluss eines Aufhebungsvertrags eingehend über die rechtlichen Folgen beraten zu lassen, insbesondere bei der Agentur für Arbeit. Was für jeden Arbeitnehmer gilt, sollte von dem behinderten Arbeitnehmer besonders beachtet werden:

Lassen Sie sich nicht durch Drohungen („... sonst werden Sie eben gekündigt und finden überhaupt keinen Arbeitsplatz mehr!") oder vermeintliches Entgegenkommen („Sie bekommen auch ein gutes Zeugnis und müssen erst einen Monat später gehen") zu einer Auflösung bewegen, ohne sich vorher zu informieren.

WIRKUNG DES BESONDEREN KÜNDIGUNGSSCHUTZES

Was kann man vom besonderen Kündigungsschutz nach SGB X erwarten? Über den Kündigungsschutz von schwerbehinderten Menschen existieren in der Öffentlichkeit teilweise falsche Vorstellungen. Die Arbeitgeber nennen den besonderen Kündigungsschutz häufig als Grund, dass sie keine schwerbehinderten Menschen einstellen, „weil man diese nicht mehr los wird". Das ist ebenso falsch wie die Erwartung vieler Betroffener, dass der besondere Kündigungsschutz ein sicheres Mittel sei, um den Arbeitsplatz zu erhalten. Die Zahlen über die Entscheidungspraxis der Integrationsämter sprechen eine klare Sprache: Von den eingeleiteten Zustimmungsverfahren enden rund 80 Prozent mit dem Verlust des Arbeitsplatzes. Nur in den verbleibenden 20 Prozent der Fälle bleibt der Arbeitsplatz erhalten, und zwar in der Regel nicht durch eine (streitige) Versagung der Zustimmung, sondern häufig durch eine gütliche Einigung.

In 80 Prozent der Fälle erfolgt eine Zustimmung des Integrationsamts

Wie kommt es zu diesen Ergebnissen der Kündigungsverfahren? Anträge auf Zustimmung zur Kündigung werden von den Arbeitgebern aus den unterschiedlichsten Gründen gestellt. Die Absicht, sich von einem schwerbehinderten Mitarbeiter zu trennen, kann durch Gründe verursacht sein, die rein betrieblicher Natur sind, zum Beispiel ein allgemeiner Stellenabbau wegen Auftragsmangel. Die Gründe können aber auch in der Person des Mitarbeiters selbst liegen, etwa hohe krankheitsbedingte Fehlzeiten, Leistungsmängel oder Verhaltensprobleme. Dabei kann das Integrationsamt zur Erhaltung des Arbeitsplatzes umso mehr ausrichten, je enger der Zusammenhang zwischen dem Kündigungsgrund und der Behinderung ist.

Der Rollstuhlfahrer, der in seiner Firma unbefugt Büromaterial für sich privat entwendet, bedarf keines besonderen Schutzes wegen seiner Behinderung und bekommt diesen von der Rechtsordnung auch nicht gewährt.

Besonderer Schutz nur bei behinderungsbedingten Nachteilen

Der besondere Kündigungsschutz soll behinderte Menschen vor Nachteilen schützen, die sie infolge ihrer Behinderung haben. Er kann aber nicht Risiken und Nachteile beseitigen, denen jeder nicht behinderte Arbeitnehmer ebenso ausgesetzt ist. Deshalb kann er bei betrieblichen Kündigungsgründen, bei einem allgemeinen Stellenabbau oder gar bei Betriebsschließungen allenfalls eine geringe Wirkung haben und diese Gründe überwiegen in der Praxis nun einmal. Das Integrationsamt hat auch nicht die Aufgabe, bei einer Kündigung aus betrieblichen Gründen, von der mehrere Arbeitnehmer (sowohl behinderte als auch nicht behinderte) betroffen sind, eine Sozialauswahl vorzunehmen oder zu kontrollieren. Das bleibt Aufgabe eines sich anschließenden Arbeitsgerichtsverfahrens. Das Integrationsamt muss aber in jedem Fall eine Entscheidung treffen, die die Interessen des Arbeitgebers an der Kündigung gegen das Interesse des schwerbehinderten Arbeitnehmers sorgfältig abwägt.

Tipp

Es ist im Zustimmungsverfahren beim Integrationsamt besonders wichtig, im Fall einer Kündigung, die mit der Behinderung zusammenhängt, zum Beispiel wegen Leistungsminderung oder Fehlzeiten, nachdrücklich auf diesen Zusammenhang hinzuweisen. Je enger dieser ist, desto größer die Chance auch für das Integrationsamt, etwas zur Erhaltung des Arbeitsplatzes beizutragen. Dagegen hilft es wenig, einfach die Schriftsätze an das Arbeitsgericht dem Integrationsamt in Kopie zu schicken, denn dieses hat einen anderen Prüfungsauftrag als das Arbeitsgericht. Bei hohen Fehlzeiten etwa ist es ganz wichtig, dass der behandelnde Arzt eine positive Prognose für künftige Fehlzeiten geben kann.

Trotz der hohen Zahl an Arbeitsplatzverlusten darf die Wirkung des besonderen Kündigungsschutzes nicht unterschätzt werden. Für die Integrationsämter wirkt er wie ein „Türöffner" in die Betriebe. Vielfach kann schon im Vorfeld durch die in diesem Kapitel ab Seite 85 beschriebene begleitende Hilfe im Arbeitsleben wesentlich zur Erhaltung eines Arbeitsplatzes beigetragen werden. Das können – neben weiteren Leistungen durch das Integrationsamt, zum Beispiel die behinderungsgerechte Gestaltung des Arbeitsplatzes, eine andere präventive Maßnahme oder auch ein Lohnkostenzuschuss sein.

ABLAUF DES KÜNDIGUNGSVERFAHRENS BEIM INTEGRATIONSAMT

Stellungnahme

Das Integrationsamt übersendet dem betroffenen schwerbehinderten Arbeitnehmer unverzüglich nach Eingang des Antrags des Arbeitgebers auf Zustimmung zur Kündigung eine Kopie zur Stellungnahme. Beigefügt ist immer ein Erhebungsbogen, in dem für die Entscheidung des Integrationsamts wichtige Informationen abgefragt werden. Darin oder in einem separaten Schreiben sollte der Schwerbehinderte zu der Kündigungsabsicht seines Arbeitgebers Stellung nehmen. Er kann bei einer Kündigungsabsicht wegen langer krankheitsbedingter Fehlzeiten beispielsweise vortragen, dass sich die akuten Auswirkungen seiner Behinderung durch eine medizinische Behandlung gebessert haben und künftig mit deutlich weniger Fehlzeiten zu rechnen sei. Oder er trägt vor, dass sein Arbeitsplatz gar nicht weggefallen sei. Nach der schriftlichen Anhörung und weiteren Aufklärung des Sachverhalts folgt häufig eine mündliche Anhörung der Parteien. Sie findet in der Regel vor Ort im Betrieb des Arbeitgebers statt. Zwingend vorgeschrieben ist diese mündliche Anhörung nicht, sie wird aber in aller Regel schon wegen der Verpflichtung des Integrationsamts, möglichst eine gütliche Lösung zu erreichen, durchgeführt.

Anhörung

Das Integrationsamt ermittelt den Sachverhalt von Amts wegen. Das heißt, es wird selbst aktiv, holt die notwendigen Stellungnahmen ein, insbesondere medizinische Auskünfte. In geeigneten Fällen beauftragt es auch seinen Technischen

Einsatz von Fachdiensten vor Ort

Beratungsdienst oder einen anderen Fachdienst, im Rahmen eines Betriebsbesuchs zu klären, ob eventuell ein anderer geeigneter Arbeitsplatz zur Verfügung steht. Dafür ist es natürlich auf Hinweise von der betrieblichen Seite angewiesen, zum Beispiel durch die gewählte Schwerbehindertenvertretung oder den Betriebs- oder Personalrat.

Selbstverständlich ist es im eigenen Interesse des schwerbehinderten Arbeitnehmers sehr wichtig, dass er selbst alles beiträgt, damit das Integrationsamt eine fundierte Entscheidung treffen kann. Mit Sicherheit empfiehlt es sich nicht, „auf Zeit zu spielen". Das Integrationsamt ist bei der Durchführung des Verfahrens an Fristen gebunden. Es soll über den Zustimmungsantrag möglichst innerhalb von vier Wochen entscheiden. Insbesondere wenn medizinische Sachaufklärung durchzuführen ist, reicht diese Frist aber häufig nicht aus, und viele Verfahren dauern länger. Schnell geht es hingegen, wenn im Rahmen eines größeren Personalabbaus viele Stellen sowohl von behinderten als auch nicht behinderten Mitarbeitern betroffen sind.

Vierwochenfrist

Außerordentliche Kündigung

Bei der außerordentlichen Kündigung gibt es eine Besonderheit: Hier tritt eine Fiktion der Zustimmung ein, die die gleiche Wirkung hat wie die Zustimmung selbst, wenn das Integrationsamt nicht innerhalb von zwei Wochen entscheidet.

Das Gesetz schreibt nicht vor, dass der schwerbehinderte Mensch sich im Verfahren von einem Rechtsanwalt, einem Vertreter einer Gewerkschaft oder einem Sozialrechtsreferenten eines der großen Behindertenverbände vertreten lässt. Da es aber um eine existenzielle Frage geht, ist normalerweise die Einschaltung eines Bevollmächtigten vorteilhaft. Eine Vertretung durch die Behindertenverbände oder Gewerkschaften ist wesentlich kostengünstiger, setzt allerdings die Mitgliedschaft in einem solchen Verband voraus.

Rechtsbeistand empfehlenswert

05

DIE BEGLEITENDE HILFE IM ARBEITSLEBEN

Die begleitende Hilfe im Arbeitsleben ist eine weitere wichtige Aufgabe des Integrationsamts. Sie stellt ein umfassendes Unterstützungssystem aus fachlicher Beratung und materiellen Leistungen dar. Sie soll dazu beitragen, dass die schwerbehinderten Menschen

- in ihrer sozialen Stellung nicht absinken,
- auf Arbeitsplätzen beschäftigt werden, auf denen sie ihre Fähigkeiten und Kenntnisse verwerten und weiterentwickeln können,
- durch Leistungen der Rehabilitationsträger und Maßnahmen der Arbeitgeber befähigt werden, sich am Arbeitsplatz und im Wettbewerb mit nicht behinderten Menschen zu behaupten.

Psychosoziale Betreuung

Die begleitende Hilfe im Arbeitsleben wird vom Integrationsamt selbst geleistet, das bei Bedarf aber auch externe Dienste einschaltet, zum Beispiel wenn eine psychosoziale Betreuung schwerbehinderter Menschen am Arbeitsplatz durch einen Integrationsfachdienst nötig ist. Das wird häufig bei psychisch behinderten Arbeitnehmern erforderlich und sinnvoll sein. Das Integrationsamt soll darauf hinwirken, dass Schwierigkeiten bei der Beschäftigung schwerbehinderter Menschen verhindert oder beseitigt werden. Die Integrationsämter sind darauf personell auch eingestellt: Alle Integrationsämter verfügen neben den „klassischen" Verwaltungskräften über Technische Beratungsdienste, viele auch über Sozialarbeiter, Psychologen oder Fachkräfte, die auf die Probleme stark sehbehinderter, blinder, hörbehinderter oder gehörloser Menschen spezialisiert sind. Sofern sie nicht über eigene Spezialisten verfügen, arbeiten sie mit externen Diensten zusammen, die helfen können und – wie der Integrationsfachdienst – auch vom Integrationsamt beauftragt und finanziert werden.

Fachkräfte im Integrationsamt

Sicherung der Teilhabe

Unabhängig davon, ob Maßnahmen der medizinischen und beruflichen Rehabilitation vorausgegangen sind, umfasst die begleitende Hilfe im Arbeitsleben alle Maßnahmen und Leistungen, die erforderlich sind, um dem schwerbehinderten Menschen die Teilhabe am Arbeitsleben und damit am Leben in der Gemeinschaft zu sichern und Kündigungen zu vermeiden.

Integrationsamt als ständiger Ansprechpartner

Die begleitende Hilfe im Arbeitsleben beginnt bereits in der Vorphase einer Einstellung und soll den schwerbehinderten Menschen im gesamten Arbeitsleben zur Verfügung stehen. Das Integrationsamt soll stets als Ansprechpartner für die schwerbehinderten Menschen, die Arbeitgeber und das Integrationsteam zur Verfügung stehen. Dabei sind oft schwierige behinderungsspezifische, technische und organisatorische Probleme zu lösen. Die Integrationsämter haben daher Fachdienste eingerichtet.

Zuständigkeitserklärung

Die Leistungen persönlicher und finanzieller Art stellen eine auf die besonderen Anforderungen des Arbeitsplatzes abgestimmte Ergänzung zu den Leistungen der Rehabilitationsträger dar. Bei finanziellen Leistungen zur Teilhabe am Arbeitsleben kann im Einzelfall zunächst Unklarheit darüber bestehen, ob das Integrationsamt oder ein Rehabilitationsträger zuständig ist. Für diesen Fall regelt die Zuständigkeitsklärung (§ 14 SGB IX), wie zu verfahren ist.

Wenn die unverzügliche Erbringung einer Leistung erforderlich ist (§ 102 Abs. 6), hat das Integrationsamt die Möglichkeit, diese Leistung vorläufig zu erbringen. Die Vorschrift über die Erstattung selbstbeschaffter Leistungen (§ 15 SGB IX) wird beim Integrationsamt nicht angewendet. Wichtig: Die Leistungen der Rehabilitationsträger dürfen nicht durch Leistungen des Integrationsamts im Rahmen der begleitenden Hilfe im Arbeitsleben aufgestockt werden (Aufstockungsverbot).

Für die individuellen Leistungen an die schwerbehinderten Arbeitnehmer, die auch in den privaten Bereich hineinwirken, beispielsweise eine Kraftfahrzeug- oder Wohnungshilfe, wird dieser selbstverständlich immer selbst aktiv. Hier ist der Arbeitgeber in der Regel nicht beteiligt.

Tipp

Leistungen der begleitenden Hilfe können sowohl vom Arbeitgeber als auch vom schwerbehinderten Arbeitnehmer beantragt werden. Die Mitarbeiter des Integrationsamts führen auf Aufforderung auch Betriebsbesuche durch. Bei den Leistungen an den Arbeitgeber wird die Initiative auch bei diesem selbst liegen.

LEISTUNGEN AN DEN ARBEITGEBER

Der wichtigste Teil der begleitenden Hilfe sind die Leistungen an den Arbeitgeber. Diese sind oftmals unerlässlich, damit der Arbeitgeber bereit ist, ein belastetes Arbeitsverhältnis fortzusetzen. Dennoch muss an dieser Stelle betont werden: Die meisten schwerbehinderten Berufstätigen erbringen eine ganz normale Arbeitsleistung und es sind für sie keine Hilfen erforderlich. Aber da, wo sie gebraucht werden, sind sie das beste Mittel, um den Arbeitsplatz zu sichern.

Die begleitende Hilfe im Arbeitsleben beinhaltet:

- **Beratung** bei der Auswahl des geeigneten Arbeitsplatzes für schwerbehinderte Menschen, bei der behinderungsgerechten Gestaltung von Arbeitsplätzen, bei allen Fragen im Zusammenhang mit der Beschäftigung schwerbehinderter Menschen, psychosoziale Beratung zur Beseitigung von besonderen Problemen, Information über Lösungsmöglichkeiten;
- **finanzielle Leistungen** zur Schaffung neuer und behinderungsgerechter Einrichtung und zur Gestaltung vorhandener Arbeitsplätze für schwerbehinderte Beschäftigte, Leistungen in Form von laufenden Lohnkostenzuschüssen bei außergewöhnlichen Belastungen, die mit der Beschäftigung besonders betroffener schwerbehinderter Menschen verbunden sind.

Außerdem gibt es (in der Praxis nicht ganz so bedeutend):

- **Zuschüsse** zu Gebühren bei der Berufsausbildung besonders betroffener schwerbehinderter Jugendlicher und junger Erwachsener im Alter bis 25 Jahre;
- **Prämien und Zuschüsse** zu den Kosten der Berufsausbildung behinderter Jugendlicher und junger Erwachsener, wenn diese für die Zeit der Ausbildung durch eine Stellungnahme der Agentur für Arbeit oder durch einen Bescheid über Leistungen zur Teilhabe am Arbeitsleben gleichgestellt sind.

Auf die Leistungen an Arbeitgeber entfällt der größte Teil der Ausgaben der Integrationsämter. Doch auch dem schwerbehinderten Menschen selbst stehen Leistungen zu.

LEISTUNGEN AN SCHWERBEHINDERTE MENSCHEN

Nutzen Sie die Angebote des Integrationsamts

Schwerbehinderte Arbeitnehmer haben jederzeit die Möglichkeit, sich an das Integrationsamt zu wenden. Sie erhalten hier Beratung und Betreuung in allen Fragen des Arbeitslebens, insbesondere bei persönlichen Schwierigkeiten, bei Arbeitsplatzproblemen, bei Umsetzungen, bei Fragen im Zusammenhang mit der Schwerbehinderung, bei Konflikten mit Kollegen, Vorgesetzten und dem Arbeitgeber, bei Gefährdung des Arbeitsplatzes, bis hin zur psychosozialen Betreuung, um schwerwiegende Konflikte zu lösen.

Kein Rechtsanspruch

Es ist wichtig zu wissen, dass die meisten finanziellen Leistungen der Integrationsämter Ermessensleistungen sind. Sie werden aus der Ausgleichsabgabe erbracht und die Grundvoraussetzung ist, dass überhaupt Mittel der Ausgleichsabgabe zur Verfügung stehen. Auf die Leistungen besteht also kein Rechtsanspruch. In der Praxis macht sich der Unterschied zwischen Rechtsanspruch und Ermessensleistung aber kaum bemerkbar. Denn auch bei einer Ermessensentscheidung muss das Integrationsamt sorgfältig prüfen und die von ihm als maßgeblich angesehenen Gesichtspunkte im Bescheid nennen und begründen. Außerdem kann man davon ausgehen, dass immer genügend Mittel zur Verfügung stehen, denn die Leistungen der begleitenden Hilfe sind vorrangig gegenüber anderen Verwendungszwecken der Ausgleichsabgabe zu erbringen.

Begleitende Hilfe hat Vorrang

Problematisch ist dagegen für die Antragsteller, die in der Regel ja Laien sind, dass einige Leistungen sowohl im Leistungskatalog der Integrationsämter als auch in dem der Rehabilitationsträger stehen. Oftmals ist es dann sogar für Fachleute schwierig zu klären, welcher der gesetzlichen Leistungsträger nun für die Leistung zuständig ist. Hier helfen die im SGB IX vorgesehenen Instrumente wie die Regelung über die Zuständigkeitsklärung (siehe Seite 43 ff.) oder eine Beratung durch die Gemeinsamen Servicestellen, aber selbstverständlich auch durch einen der gesetzlichen Leistungsträger selbst. Gerade die Integrationsämter helfen sehr effektiv bei der Suche nach der zuständigen Anlaufstelle, auch wenn sie selbst nicht zuständig sind. Nach wie vor ist das Ganze aber ein Problem im hochdifferenzierten Sozialleistungssystem in Deutschland. Für die Abgrenzung der Zuständigkeiten kann man nach folgender Faustregel gehen: Bei einer plötzlich auftretenden Behinderung oder bei einer starken Verschlechterung wird der Rehabilitationsträger zuständig sein. Bei einer gleichbleibenden Behinderung, aber notwendigen Verbesserung der Beschäftigungsbedingungen wird eher das Integrationsamt zuständig sein.

Tipp

Den betroffenen Antragstellern kann man nur raten, hartnäckig nachzufragen und sich nicht einfach an eine andere Adresse verweisen zu lassen.

Für den Laien ist es auch kaum verständlich, dass einzelne Leistungen zur Teilhabe am Arbeitsleben und der begleitenden Hilfe im Arbeitsleben nur für berufstätige schwerbehinderte Menschen zur Verfügung stehen, obwohl sie weit in den privaten Lebensbereich hineinreichen, wie beispielsweise die Wohnungs- oder die Kraftfahrzeughilfe. Sie werden von der Rechtsordnung als notwendige Basis dafür angesehen, um auch als behinderter Mensch einem Beruf nachgehen zu können. Deshalb gibt es faktisch „bessere" Förderungsmöglichkeiten für Erwerbstätige. Für behinderte Menschen, die nicht im Erwerbsleben stehen, gibt es solche Leistungen nur im Rahmen der Sozialhilfe. Und die ist bekanntlich an die Einhaltung strenger Einkommens- und Vermögensgrenzen gebunden.

Technische Arbeitshilfen

Technische Arbeitshilfen für schwerbehinderte Menschen sollen vorhandene Fähigkeiten fördern, Restfähigkeiten nutzen, unterstützen und gleichzeitig schützen, aber auch ausgefallene Fähigkeiten zumindest teilweise ersetzen. Ziel ist es,

- bei bestimmten Behinderungen die Arbeitstätigkeit überhaupt erst zu ermöglichen,
- die Arbeitsausführung zu erleichtern, das heißt Arbeitsbelastungen zu verringern,
- die Arbeitssicherheit zu gewährleisten.

Behinderungsgerechte Arbeitsplatzgestaltung

Technische Arbeitshilfen sind in der Regel Einzelmaßnahmen der behinderungsgerechten Arbeitsplatzgestaltung. Von den Integrationsämtern werden sie auf der Grundlage von § 102 Abs. 3 Ziff. 1 a SGB IX und § 19 Schwerbehinderten-Ausgleichsabgabeverordnung gefördert. Sie sind aber meist Bestandteil einer umfassenden ergonomischen und behinderungsgerechten Gestaltung des Arbeitsplatzes und seines Umfelds. Die Integrationsämter können häufig nach Ermessen entscheiden, ob die geförderte technische Ausstattung in das Eigentum des Arbeitgebers übergehen soll oder an den schwerbehinderten Arbeitnehmer selbst. Je „körpernaher" eine Ausstattung wegen der besonderen Anforderungen des Arbeitsplatzes ist, zum Beispiel ein spezielles Hörgerät, Leselupen oder Technik für Blinde, desto eher wird die Förderung

Für körpernahe Hilfen gibt es meist direkte Förderung an den Arbeitnehmer direkt an den schwerbehinderten Menschen selbst gehen. Bei einem höhenverstellbaren Arbeitstisch kommt dagegen eher die Förderung an den Arbeitgeber in Betracht.

05

Die Förderung unmittelbar an den Arbeitgeber hat für den schwerbehinderten Menschen den Vorteil, dass das Integrationsamt damit eine bestimmte Arbeitsplatzbindung verknüpft und der Arbeitgeber bei einer Beendigung des Arbeitsverhältnisses vor Ablauf dieser Bindung Teile der Förderung zurückzahlen muss. Durch diese Bindung wird der Arbeitsplatz also noch ein Stück sicherer. Welche Lösung sinnvoller ist, sollte im Einzelfall geklärt werden.

Beratung zu technischen Arbeitshilfen

Die Beratung der Arbeitgeber und der schwerbehinderten Menschen hinsichtlich des Einsatzes technischer Arbeitshilfen ist eine zentrale Aufgabe der Technischen Beratungsdienste der Integrationsämter. Die Bezuschussung technischer Arbeitshilfen an behinderte Menschen und ihre Arbeitgeber gehört darüber hinaus zum Leistungskatalog der Rehabilitationsträger (vergleiche § 33 Abs. 8 Nr. 4 und § 34 Abs. 1 Nr. 3 SGB IX). Hier tritt also häufig das oben genannte Problem der Zuständigkeitsklärung zwischen Rehabilitationsträger und Integrationsamt ein.

Viel Streit unter den gesetzlichen Leistungsträgern gibt es derzeit über die Bezuschussung von Hörgeräten, die wegen der besonderen Anforderungen am Arbeitsplatz erforderlich sind und bei deren Anschaffung die übliche Festbetragsregelung der Krankenkassen nicht ausreicht. Nach der Rechtsprechung ist der Leistungsanspruch gegen die Krankenversicherung dann nicht auf den Festbetrag für ein Hörgerät beschränkt, wenn dieses für den Ausgleich der konkret vorliegenden Behinderung nicht ausreicht. Erste Anlaufstelle ist hier also immer die Krankenkasse.

Arbeitsassistenz

Schwerbehinderten Menschen mit erheblichem Unterstützungsbedarf ermöglicht die Leistung für eine Arbeitsassistenz die Teilhabe am Arbeitsleben trotz sehr starker behinderungsbedingter Einschränkungen. Rechtliche Grundlage ist § 102 Abs. 4 SGB IX.

Vorlesekräfte für Blinde, ständige und nicht nur gelegentlich erforderliche Gebärdendolmetschertätigkeit für Gehörlose sowie die manuelle Unterstützung am Arbeitsplatz für nahezu vollständig gelähmte Menschen sind typische Beispiele für eine Arbeitsassistenz.

Persönliche Assistenz

Auftraggeber der verschiedenen Dienstleistungen zur persönlichen Assistenz ist dabei der schwerbehinderte Mensch selbst. Insofern ist die persönliche Assistenz zugleich Ausdruck des Selbstbestimmungsrechts sowie des Wunsch- und Wahlrechts (§ 9 SGB IX, siehe dazu auch Seite 46 f.). Dem Gesetzgeber war diese Leistung so wichtig, dass er sie als Rechtsanspruch festgelegt hat und nicht lediglich als Ermessensleistung wie den Großteil der übrigen Leistungen der Integrationsämter.

Eigenverantwortung

Es geht bei der Arbeitsassistenz um eine Geldleistung, nicht um eine vom öffentlichen Leistungsträger zu organisierende Sachleistung. Der schwerbehinderte Arbeitnehmer hat vielmehr selbst die Organisations- und Anleitungskompetenz, ist dafür aber auch verantwortlich. Der schwerbehinderte Arbeitnehmer stellt also entweder die Assistenzkraft selbst ein (Arbeitgebermodell) oder beauftragt auf eigene Rechnung einen

Assistenzdienstleister

Anbieter von Assistenzdienstleistungen mit der Arbeitsassistenz (Auftragsmodell). Hier wird es von den regionalen Angeboten abhängen, ob man eine solche Assistenz bei einem professionellen Anbieter einkaufen kann. In Großstadtregionen wird eine solche Lösung eher infrage kommen. Sie hat den Vorteil, dass der schwerbehinderte Mensch keine Arbeitgeberrolle mit allen damit zusammenhängenden Verpflichtungen übernehmen muss.

Als Arbeitnehmer ist der schwerbehinderte Mensch gegenüber dem Arbeitgeber verpflichtet, seine Arbeitsleistung persönlich zu erbringen. Wichtige Grundvoraussetzung ist deshalb, dass er mithilfe seiner Assistenz in der Lage ist, den Kern seiner Arbeitsleistung selbst zu erbringen. Vereinfacht ausgedrückt: Er darf nicht Zuschauer dabei sein, wie die Assistenzkraft seine Arbeit erledigt. Die Assistenz darf nur unterstützen. Wie bereits das Wort „Assistenz" zeigt, handelt es sich um eine Hilfestellung bei der Arbeitsausführung, nicht aber um die Erledigung der vom schwerbehinderten Arbeitnehmer zu erbringenden arbeitsvertraglichen Tätigkeit selbst. Es geht um kontinuierliche, regelmäßig und zeitlich mehr als ein paar Minuten täglich geleistete Unterstützung am konkreten Arbeitsplatz. Notwendig ist sie, wenn weder die behinderungsgerechte Arbeitsplatzgestaltung noch eine vom Arbeitgeber bereitgestellte Assistenz, zum Beispiel durch Arbeitskollegen, ausreichen, um dem schwerbehinderten Menschen die Ausführung der Arbeit in wettbewerbsfähiger Form zu ermöglichen.

Zuständigkeitsklärung

Um die Abgrenzung der Zuständigkeit gesetzlicher Leistungsträger zu erleichtern, gibt es für die Leistung der Arbeitsassistenz eine besondere Regelung: Als Leistung zur Teilhabe schwerbehinderter Menschen am Arbeitsleben dient die Arbeitsassistenz nämlich zunächst dem Ziel, dass diese Menschen einen sozialversicherungspflichtigen Arbeitsplatz erlangen (vergleiche § 33 Abs. 8 Nr. 3 SGB IX). In diesem Fall richtet sich der Rechtsanspruch, zeitlich auf drei Jahre befristet, gegen den zuständigen Rehabilitationsträger.

Aber auch nach der Eingliederung in ein neues Arbeitsverhältnis benötigt der schwerbehinderte Mensch häufig eine Arbeitsassistenz. Zuständig ist nach drei Jahren nicht mehr der

Rehabilitationsträger, sondern das Integrationsamt. Um eine einheitliche Bewilligungs- und Verwaltungspraxis zu gewährleisten, sieht das SGB IX in § 33 Abs. 8 Satz 2 vor, dass die Durchführung der Leistungen zur Arbeitsassistenz von Anfang an durch das Integrationsamt erfolgt; diesem werden die Kosten für die ersten drei Jahre ab Aufnahme der Beschäftigung vom zunächst zuständigen Rehabilitationsträger erstattet. Die Übernahme der Kosten einer notwendigen Arbeitsassistenz ist im Übrigen auch zur Aufnahme bzw. Sicherung einer wirtschaftlich selbstständige Existenz möglich.

Arbeitsassistenz für Selbstständige

Da es bei der Arbeitsassistenz um eine Geldleistung an schwerbehinderte Menschen geht, bietet es sich an, die Form des Persönlichen Budgets zu wählen (§ 17 SGB IX, siehe dazu auch Kapitel 3, Seite 47 ff.). Die Integrationsämter stellen nach ihren Richtlinien Budgets zur Verfügung, die allerdings genau abgerechnet werden müssen. Es handelt sich also nicht um ein echtes Persönliches Budget. Die Leistungshöhe wird am durchschnittlichen täglichen Bedarf an Arbeitsassistenz bemessen. Die Geldleistung für die Arbeitsassistenz soll in einem angemessenen Verhältnis zu dem sozialversicherungspflichtigen Einkommen stehen, das der schwerbehinderte Mensch selbst erzielt. Bei einem hohen Assistenzbedarf auch außerhalb der Arbeitszeit kommt aber eventuell ein „echtes" leistungsträgerübergreifendes Persönliches Budget in Betracht. Damit soll vermieden werden, dass sich der behinderte Mensch mit mehreren Leistungsträgern auseinandersetzen muss (zum Beispiel Pflegekasse, Sozialamt und Integrationsamt).

Berechnung der Leistung

Assistenz durch Arbeitskollegen

In der Praxis wird der Zweck der Arbeitsassistenz häufig auch dadurch erreicht, dass der Arbeitgeber Kollegen des schwerbehinderten Arbeitnehmers zu dessen Unterstützung stundenweise abstellt und dafür zur Abdeckung seiner außergewöhnlichen Belastungen eine Leistung vom Integrationsamt erhält. Dann wird die Leistung für eine Arbeitsassistenz im

Ergebnis durch einen Lohnkostenzuschuss an den Arbeitgeber ersetzt.

Existenzgründungen

Schwerbehinderte Menschen können zinsfreie und für eine Startphase auch tilgungsfreie Darlehen oder Zinszuschüsse zur Gründung und zur Erhaltung einer selbstständigen beruflichen Existenz in Anspruch nehmen. Rechtsgrundlage sind § 102 Abs. 3 Nr. 1c SGB IX und § 21 Schwerbehinderten-Ausgleichsabgabeverordnung. Voraussetzungen sind:

- Sie müssen die erforderlichen persönlichen und fachlichen Qualifikationen für die Ausübung der Tätigkeit vorweisen können.
- Sie können ihren Lebensunterhalt durch die Tätigkeit voraussichtlich auf Dauer im Wesentlichen sicherstellen.
- Die Tätigkeit ist unter Berücksichtigung von Lage und Entwicklung des Arbeitsmarkts zweckmäßig.

Leistungen

Im Rahmen der Förderung einer selbstständigen Existenz können unter bestimmten Voraussetzungen – wie bei einem abhängig beschäftigten Arbeitnehmer auch – ebenso folgende Leistungen finanziert werden:

- Kraftfahrzeughilfen,
- technische Arbeitshilfen,
- Arbeitsassistenz,
- Erhaltung und Erweiterung beruflicher Kenntnisse und Fertigkeiten im Rahmen der beruflichen Weiterbildung,
- Wohnungshilfen.

Strenge Prüfung kommt dem Existenzgründer zugute

Förderungen sind in allen nur denkbaren Branchen möglich. Bei den Leistungen zur Gründung einer selbstständigen Existenz legen die Integrationsämter nicht zuletzt im Interesse der Antragsteller selbst einen strengen Maßstab an. Für das Antragsverfahren werden aussagekräftige Businesspläne verlangt und häufig auch ein Gutachten über die wirtschaftliche Tragfähigkeit der Geschäftsidee eingeholt. Damit soll vermieden werden, dass die Existenzgründung schon nach kurzer Zeit scheitert oder die Darlehen nicht zurückgezahlt werden können – kurz gesagt, dass das „Abenteuer Existenzgründung" für den Betroffenen selbst in einem Fiasko endet.

Kraftfahrzeughilfen

Bedingungen für Kraftfahrzeughilfe

Wenn ein Kraftfahrzeug infolge der Behinderung nicht nur vorübergehend zum Erreichen des Arbeits- oder Ausbildungsplatzes erforderlich ist, können schwerbehinderte Menschen Kraftfahrzeughilfen erhalten. Rechtsgrundlage sind § 102 Abs. 3 Ziff. 1 b und § 20 SchwbAV. Voraussetzungen, Antragstellung und Leistungsumfang sind durch die Kraftfahrzeughilfeverordnung (KfzHV) geregelt, die für alle gesetzlichen Leistungsträger einheitlich gilt. Die Leistungen können umfassen:

- Zuschüsse zur Beschaffung eines Kraftfahrzeugs,
- Übernahme der Kosten für behinderungsbedingt nötige Zusatzausstattung,
- Zuschüsse zum Erwerb der Fahrerlaubnis,
- Leistungen in Härtefällen, zum Beispiel zu Kosten für Reparaturen, Beförderungsdiensten.

Die Leistungen werden durch die Rehabilitationsträger oder durch die Integrationsämter erbracht. Auch hier kann es schwierig sein, den zuständigen gesetzlichen Leistungsträger zu bestimmen. Als Faustregel kann man davon ausgehen, dass bei sozialversicherungspflichtig Beschäftigten der Rehabilitationsträger zuständig ist. Das Integrationsamt wird also in der Regel für Selbstständige und Beamte infrage kommen, da es für diese beiden Gruppen keinen Rehabilitationsträger gibt. Die Leistung der Kraftfahrzeughilfe ist einkommensabhängig. Der Kaufpreis des Basisfahrzeugs kann bei Einhaltung aller Einkommensgrenzen mit bis zu 9.500 Euro bezuschusst werden. Bei der behinderungsbedingten Zusatzausstattung –

Einkommensabhängige Leistung

die übrigens sehr teuer sein kann – ist eine volle Kostenübernahme möglich. Eine erneute Förderung gibt es in der Regel erst nach Ablauf von fünf Jahren.

Auch bei der Förderung von behinderungsgerechten Kraftfahrzeugen hat die kompetente Beratung durch die Technischen Beratungsdienste eine hohe Bedeutung. Sie kennen die technischen Möglichkeiten und die Anbieter, die Serienfahrzeuge behinderungsgerecht umbauen.

Wohnungshilfen

Schwerbehinderte Menschen, die auf dem allgemeinen Arbeitsmarkt berufstätig sind, können im Rahmen der begleitenden Hilfe im Arbeitsleben Leistungen zur Wohnungshilfe erhalten. Rechtsgrundlage für Leistungen der Integrationsämter sind § 102 Abs. 3 Ziff. 1d SGB IX und § 22 SchwbAV. Auch hier ist die häufig vorrangige Zuständigkeit des Rehabilitationsträgers zu beachten. Bei sozialversicherungspflichtig Beschäftigten kommt vorrangig eine Wohnungshilfe im Rahmen der Leistungen zur Teilhabe am Arbeitsleben durch einen Rehabilitationsträger in Betracht (§ 33 Abs. 8 Nr. 6 SGB IX). Auch bei dieser Leistung wird das Integrationsamt also in der Regel für Beamte und Selbstständige zuständig sein, die keinen Rehabilitationsträger haben.

Leistungen

Leistungen durch Integrationsamt oder Rehabilitationsträger sind möglich

- zur Beschaffung von behinderungsgerechtem Wohnraum,
- zur Anpassung von Wohnraum und seiner Ausstattung an die besonderen behinderungsbedingten Bedürfnisse,
- für die Umzugskosten in eine behinderungsgerechte oder erheblich verkehrsgünstiger zum Arbeitsplatz gelegene Wohnung.

Zuschuss oder Darlehen

Als Leistungen kommen Zuschüsse oder Darlehen infrage; ihre Höhe wird nach den Umständen des Einzelfalls berechnet. Die Leistungen zur Beschaffung einer Wohnung sind einkommensabhängig. Insbesondere für behinderungsbedingte Mehraufwendungen können auch einkommensunabhängig Zuschüsse gewährt werden. Die zu fördernde Wohnung muss bezüglich Zugang, baulicher Gestaltung, Ausstattung und Lage behinderungsgerecht sein. Die Leistungen kommen nur in Betracht, wenn die derzeitige Wohnung nicht behinderungsgerecht ist und der Betroffene nicht auf eine behinderungsgerechte Mietwohnung verwiesen werden kann. Gefördert werden insbesondere auch Umbauten, die der Mobilität und damit dem Erreichen des Arbeitsplatzes von der Wohnung aus dienen, zum Beispiel Türverbreiterungen, Rampen, Aufzüge und Treppenlifte. Ausstattungen, die eher der privaten Lebensführung zuzuordnen sind, zum Beispiel der Einbau einer behinderungsgerechten Küche, werden üblicherweise von den Rehabilitationsträgern und den Integrationsämtern wegen des mangelnden Bezugs zum Erwerbsleben nicht gefördert. Im Übrigen werden Darlehen für zusätzlich erforderliche Baumaßnahmen im Rahmen des sozialen Wohnungsbaus, die es in einigen Bundesländern noch gibt, auf die Leistungen der Wohnungshilfe angerechnet.

Privat benötigte Ausstattung wird meist nicht gefördert

Berufliche Weiterbildung

Berufliche Weiterbildung oder Fortbildung dient dazu, berufliche Kenntnisse und Fertigkeiten zu erhalten, zu erweitern, der technischen Entwicklung anzupassen oder einen beruflichen Aufstieg zu ermöglichen. Wichtig ist: Die Integrationsämter finanzieren keine berufliche Erstausbildung, ebenso wenig Umschulungen, die erforderlich sind, weil der bisherige Beruf nicht mehr ausgeübt werden kann. In diesen Fällen sind die Agenturen für Arbeit bzw. der Rehabilitationsträger die richtige Anlaufstelle. Für die Leistung des Integrationsamts sind Rechtsgrundlage § 102 Abs. 3 Ziff. 1e und § 24 SchwbAV.

Folgende Formen der Weiterbildung kommen unter anderem infrage:

- eine Anpassungsfortbildung zum Erwerb wichtiger Zusatzqualifikationen, damit der bisherige Beruf weiter ausgeübt werden kann;
- eine Aufstiegsweiterbildung, vorausgesetzt man kann seinen Beruf nur dann weiter ausüben, wenn man in der Lage ist, im Betrieb eine verantwortlichere Position zu übernehmen. Hierzu zählen etwa Aufstiegslehrgänge in der Wirtschaft oder Laufbahnlehrgänge im öffentlichen Dienst.

Eine größere praktische Bedeutung hat diese Leistungsart für sinnesbehinderte Menschen, also stark sehbehinderte, blinde und hörbehinderte Menschen, die oft nicht in der Lage sind, normale Weiterbildungsangebote in Anspruch zu nehmen.

Wenn die Teilnahme an allgemeinen Weiterbildungsmaßnahmen aufgrund der Art und Schwere der Behinderung nicht möglich ist, kann die Maßnahme in einer besonders auf die Bedürfnisse behinderter Menschen ausgerichteten Einrichtung, zum Beispiel einem Berufsförderungswerk, durchgeführt werden. Am besten erkundigt man sich zunächst beim zuständigen Rehabilitationsträger. Die Voraussetzungen für dessen Leistungen richten sich nach den für den jeweiligen Rehabilitationsträger geltenden Leistungsgesetzen.

Berufsförderungswerk

Hilfen in besonderen Lebenslagen

Da die Bedarfssituationen, die für schwerbehinderte Menschen im Arbeitsleben entstehen, sehr unterschiedlich sein können, hat der Gesetzgeber mit den Hilfen in besonderen Lebenslagen in § 102 Abs. 3 Ziff. 1 f. SGB IX und § 25 SchwbAV eine Möglichkeit geschaffen, auch bei untypischen Fällen, die durch die üblichen Verfahren nicht abgedeckt werden können, eine materielle Unterstützung zu leisten. Juristisch

Auffangnorm

spricht man von einer Auffangnorm. Notwendig ist aber auch hier immer ein enger Bezug zum Erwerbsleben.

INTEGRATIONSFACHDIENSTE

Ansprechpartner bei intensivem Beratungs- und Betreuungsbedarf

Mit den finanziellen Leistungen und der persönlichen Beratung der Rehabilitationsträger und der Integrationsämter ist es in manchen Fällen nicht getan. Bei besonders schwierigen beruflichen Problemen schwerbehinderter Menschen kann eine so intensive Beratung und Betreuung erforderlich sein, dass die gesetzlichen Leistungsträger allein personell dazu nicht in der Lage sind. Es ist beispielsweise denkbar, dass eine intensive Begleitung bei der Suche eines Arbeitsplatzes über Zwischenschritte erforderlich ist oder dass psychosoziale Probleme am Arbeitsplatz bestehen, die beseitigt werden müssen, um den vorhandenen Arbeitsplatz nicht zu gefährden. Für einen solchen intensiven Einsatz sind im SGB IX die Integrationsfachdienste vorgesehen.

Beauftragung des Integrationsfachdiensts

Integrationsfachdienste sind Dienste Dritter, zum Beispiel in Trägerschaft von freien Wohlfahrtsverbänden wie dem Diakonischen Werk oder des Caritas-Verbands, die von den gesetzlichen Leistungsträgern bei der Durchführung der Maßnahmen zur Teilhabe schwerbehinderter und behinderter Menschen am Arbeitsleben beteiligt werden. Begriff, Aufgaben, Beauftragung und Finanzierung sind durch die §§ 109 ff. SGB IX geregelt. Der Gesetzgeber stellt damit ein Instrument zur Verfügung, das von den Rehabilitationsträgern, der Bundesagentur für Arbeit und den Integrationsämtern für alle Phasen und Problemstellungen eingesetzt werden kann. Die Beauftragung kann erfolgen, indem ein gesetzlicher Leistungsträger den behinderten Menschen an den Integrationsfachdienst verweist, aber auch dadurch, dass sich Betroffene oder ihre Arbeitgeber selbst und unmittelbar an den Integrationsfachdienst wenden. Dieser klärt dann Beauftragung und Kostenübernahme.

Die Integrationsfachdienste unterstützen nicht nur die Integrationsämter, sondern werden auch im Auftrag der Rehabilitationsträger und der Träger der Arbeitsvermittlung, insbesondere der Agenturen für Arbeit tätig, um besonders betroffenen schwerbehinderten Menschen einen Arbeitsplatz zu vermitteln. In der Praxis sind die Integrationsämter die Hauptauftraggeber der Integrationsfachdienste und finanzieren diese aus Mitteln der Ausgleichsabgabe. Die Rehabilitationsträger und die Träger der Arbeitsvermittlung vergüten ihre erteilten Aufträge aus Haushaltsmitteln. Die Integrationsfachdienste stellen damit ein gemeinsames Dienstleistungsangebot von mehreren gesetzlichen Leistungsträgern für schwerbehinderte Menschen und ihre Arbeitgeber dar. Insbesondere bei Menschen, die behindert, aber nicht schwerbehindert sind, sind die Rehabilitationsträger Auftraggeber der Integrationsfachdienste.

Arbeitsplatzvermittlung

Trägerübergreifende Dienstleistung

Zielgruppen der Integrationsfachdienste sind vor allem:

- besonders betroffene schwerbehinderte Menschen mit einem besonderen Bedarf an arbeitsbegleitender Betreuung,
- Beschäftigte aus den Werkstätten für behinderte Menschen (WfbM), die nach zielgerichteter Vorbereitung den Übergang auf den allgemeinen Arbeitsmarkt schaffen können,
- schwerbehinderte Schulabgänger, die zur Aufnahme einer Beschäftigung im allgemeinen Arbeitsmarkt auf Unterstützung durch einen Integrationsfachdienst angewiesen sind.

Einen besonderen Bedarf an arbeitsbegleitender Betreuung haben in erster Linie Menschen mit einer geistigen oder seelischen Behinderung, aber auch solche mit einer schweren Körper-, Sinnes- oder Mehrfachbehinderung. Die Unterstützung dieser Menschen ist auch dann erforderlich, wenn weitere besondere vermittlungshemmende Umstände vorliegen, zum

Besondere vermittlungshemmende Umstände

Beispiel Langzeitarbeitslosigkeit, höheres Lebensalter, unzureichende Qualifikation oder Leistungsminderung.

Aufgaben des Integrationsfachdiensts im Detail

Zu den Aufgaben der Integrationsfachdienste gehören zunächst generell die Beratung und Unterstützung der betroffenen behinderten Menschen selbst sowie Information und Hilfestellung für Arbeitgeber bei den unterschiedlichsten Problemen schwerbehinderter Menschen im Arbeitsleben. Die Integrationsfachdienste werden an den Aufgaben der gesetzlichen Leistungsträger, von denen sie beauftragt werden, beteiligt. Die Verantwortung für die gesamte Aufgabenerledigung bleibt damit beim jeweiligen Auftraggeber.

Im Einzelnen hat der Integrationsfachdienst die Aufgaben,

Aufgaben

- die Fähigkeiten der zugewiesenen schwerbehinderten Menschen zu bewerten und dabei ein individuelles Fähigkeits-, Leistungs- und Interessenprofil zu erarbeiten;
- die Bundesagentur für Arbeit auf deren Anforderung bei der Berufsorientierung und Berufsberatung in den Schulen zu unterstützen;
- die betriebliche Ausbildung schwerbehinderter, insbesondere seelisch behinderter und lernbehinderter Jugendlicher zu begleiten;
- geeignete Arbeitsplätze auf dem allgemeinen Arbeitsmarkt zu akquirieren und zu vermitteln;
- die schwerbehinderten Menschen auf die vorgesehenen Arbeitsplätze vorzubereiten;
- die schwerbehinderten Menschen – soweit erforderlich – am Arbeitsplatz begleitend zu betreuen;
- die Vorgesetzten und Kollegen im Arbeitsplatzumfeld zu informieren;
- für eine Nachbetreuung, Krisenintervention oder psychosoziale Betreuung zu sorgen;
- als Ansprechpartner für die Arbeitgeber zur Verfügung zu stehen.

Enge Zusammenarbeit

Der Integrationsfachdienst arbeitet eng mit der Agentur für Arbeit, dem Integrationsamt, dem zuständigen Rehabilitationsträger, insbesondere den Berufshelfern der gesetzlichen Unfallversicherung (Berufsgenossenschaften), dem Arbeitgeber, der Schwerbehindertenvertretung und den anderen Mitgliedern des betrieblichen Integrationsteams, den abgebenden schulischen und beruflichen Rehabilitationseinrichtungen und, wenn nötig, auch mit anderen Stellen zusammen. Die Integrationsfachdienste verfügen über Fachpersonal mit entsprechender psychosozialer oder arbeitspädagogischerQualifikation. Es gibt sie im gesamten Bundesgebiet, sodass in jedem Bezirk einer Agentur für Arbeit mindestens ein solcher Dienst vorhanden ist. Die Adressen aller Integrationsfachdienste in Deutschland finden Sie unter www.integrationsaemter.de.

05

INTEGRATIONSPROJEKTE

Manche schwerbehinderte Menschen sind aufgrund ihrer eingeschränkten Leistungsfähigkeit zu schwach für den allgemeinen Arbeitsmarkt, erreichen aber ein Niveau, das deutlich über dem für eine Beschäftigung in einer Werkstatt für behinderte Menschen liegt. Für diese Gruppe hat sich eine Zwischenform ausgebildet, die im SGB IX geregelt ist: die Integrationsprojekte.

Zahlreiche Integrationsprojekte in Deutschland

Integrationsprojekte sind rechtlich und wirtschaftlich selbstständige Unternehmen (Integrationsunternehmen) oder unternehmensinterne Betriebe (Integrationsbetriebe) oder Abteilungen (Integrationsabteilungen) zur Beschäftigung schwerbehinderter Menschen auf dem allgemeinen Arbeitsmarkt, deren Beschäftigung sonst auf große Schwierigkeiten stieße. In Deutschland existieren inzwischen rund 700 solcher Beschäftigungsfirmen, die sich in allen möglichen Branchen etabliert haben und in denen rund 10.000 schwerbehinderte

Menschen arbeiten. Sie betreiben zum Beispiel Supermärkte, Druckereien, Auftragsmontage für die Industrie, Garten- und Landschaftsbau, Wäschereien, Hotels und Gaststätten und bieten den schwerbehinderten Mitarbeitern normale Arbeitsverträge und eine Bezahlung, mit der sie ihren Lebensunterhalt selbst sicherstellen können.

Ein erfolgreiches Integrationsprojekt sind die CAP-Märkte (www.cap-markt.de), die es in vielen Gegenden Deutschlands gibt und die in den Ortskernen angesiedelt sind, aus denen sich die großen Lebensmittelversorger zurückgezogen haben. Der Name leitet sich von „handicap" her, der englischen Bezeichnung für „Behinderung" oder „Nachteil". CAP ist eine Supermarktkette mit einem integrativen Konzept: Beschäftigt werden bevorzugt Menschen mit Behinderungen.

Integrationsprojekte sollen vor allem folgende Gruppen von besonders betroffenen schwerbehinderten Menschen beschäftigen und auch qualifizieren:

- schwerbehinderte Menschen mit geistiger oder seelischer Behinderung oder einer schweren Körper-, Sinnes- oder Mehrfachbehinderung, wenn sich die Behinderung für eine Tätigkeit auf dem allgemeinen Arbeitsmarkt außerhalb eines Integrationsprojekts besonders nachteilig auswirkt;
- schwerbehinderte Menschen, die nach zielgerichteter Vorbereitung in einer Werkstatt für behinderte Menschen oder in einer psychiatrischen Einrichtung für einen Übergang auf den allgemeinen Arbeitsmarkt in Betracht kommen;
- schwerbehinderte Abgänger von Sonderschulen mit der Aussicht auf eine Beschäftigung auf dem allgemeinen Arbeitsmarkt.

Wettbewerbsfähigkeit muss gewährleistet sein

Integrationsprojekte beschäftigen mindestens 25 Prozent schwerbehinderte Menschen, ihr Anteil an allen beschäftigten Mitarbeitern soll aber 50 Prozent nicht übersteigen, um die

Wettbewerbsfähigkeit des Integrationsprojekts zu erhalten. Die Integrationsprojekte haben folgende Aufgaben:

- Sie bieten den schwerbehinderten Menschen Beschäftigung und arbeitsbegleitende Betreuung an, soweit erforderlich auch Maßnahmen der beruflichen Weiterbildung oder Gelegenheit zur Teilnahme an entsprechenden außerbetrieblichen Maßnahmen.
- Sie unterstützen die schwerbehinderten Mitarbeiter bei der Vermittlung in eine sonstige Beschäftigung auf dem allgemeinen Arbeitsmarkt und bieten vorbereitende Maßnahmen für eine Beschäftigung in einem Integrationsprojekt.

Tipp

Für arbeitslose schwerbehinderte Menschen kann es sich lohnen, sich über diese Alternative einer Beschäftigung bei der Agentur für Arbeit, dem Integrationsamt oder beim Integrationsfachdienst ausführliche Informationen einzuholen.

Finanziell gefördert werden Integrationsprojekte aus Mitteln der Ausgleichsabgabe, sie erhalten finanzielle Leistungen für Aufbau, Erweiterung, Modernisierung und Ausstattung einschließlich betriebswirtschaftlicher Beratung. Geldleistungen im Rahmen der begleitenden Hilfe im Arbeitsleben bleiben davon im Wesentlichen unberührt. Auch Eingliederungszuschüsse der Agenturen für Arbeit nach SGB III kommen wie bei normalen Arbeitgebern in Betracht.

BETRIEBLICHES INTEGRATIONSTEAM/ SCHWERBEHINDERTENVERTRETUNG

Unterstützung durch das Integrationsamt

Das betriebliche Integrationsteam bilden die Schwerbehindertenvertretung, der Beauftragte des Arbeitgebers für Schwerbehindertenangelegenheiten sowie der Betriebs- oder Personalrat. Das Integrationsamt arbeitet mit den Teams zusammen und unterstützt sie durch:

- Bildungs- und Informationsangebote,
- Beratung im Einzelfall,
- Beratung bei der Erarbeitung einer Integrationsvereinbarung,

- Beratung bei der Einführung eines Betrieblichen Eingliederungsmanagements,
- Mithilfe zur Lösung von Konflikten im Betrieb.

Schwerbehindertenvertretung

Die Schwerbehindertenvertretung oder Vertrauensperson ist die gewählte Interessenvertretung der schwerbehinderten und gleichgestellten Beschäftigten. Sie hat in der Praxis eine große Bedeutung für schwerbehinderte Arbeitnehmer. Regelungen zur Schwerbehindertenvertretung findet man in den §§ 94 ff. SGB IX. In Betrieben und Dienststellen, in denen mindestens fünf schwerbehinderte Menschen beschäftigt sind, ist außer der Schwerbehindertenvertretung wenigstens ein Stellvertreter zu wählen.

Darüber hinaus gibt es folgende „Stufenvertretungen“:

- die Konzernschwerbehindertenvertretung für mehrere Unternehmen eines Konzerns,
- die Gesamtschwerbehindertenvertretung für mehrere Betriebe eines Arbeitsgebers oder für den Geschäftsbereich mehrerer Dienststellen,
- die Bezirksschwerbehindertenvertretung bei Mittelbehörden mit mehreren nachgeordneten Dienststellen,
- die Hauptschwerbehindertenvertretung bei den obersten Dienstbehörden.

Wahl und Amtszeit

Die Wahl der Schwerbehindertenvertretung erfolgt nach den Bestimmungen der Wahlordnung für Schwerbehindertenvertretungen. Die Amtszeit beträgt vier Jahre.

Die Schwerbehindertenvertretung hat die Teilhabe schwerbehinderter Menschen am Arbeitsleben im Betrieb oder der Dienststelle zu fördern und deren Interessen zu vertreten. Dabei soll sie vor allem

Aufgaben der Schwerbehindertenvertretung

- mithelfen, dass die zugunsten der schwerbehinderten Menschen geltenden Gesetze, Verordnungen, Tarifverträge, Betriebs- oder Dienstvereinbarungen und Verwaltungsanordnungen durchgeführt werden und insbesondere der Arbeitgeber seine Verpflichtungen erfüllt;
- Maßnahmen bei den zuständigen Stellen beantragen, die den schwerbehinderten Menschen dienen, insbesondere präventive Maßnahmen;
- Anregungen und Beschwerden von schwerbehinderten Menschen entgegennehmen und, falls sie berechtigt erscheinen, durch Verhandlung mit dem Arbeitgeber bei ihrer Erledigung mithelfen;
- die Beschäftigten im Betrieb bei der Antragstellung auf Anerkennung der Schwerbehinderteneigenschaft oder auf Gleichstellung unterstützen.

Ansprechpartner in allen Belangen

Kernaufgabe der Vertrauensperson ist es, die Teilhabe schwerbehinderter Menschen am Arbeitsleben im Betrieb oder der Dienststelle zu fördern sowie dem schwerbehinderten Menschen helfend und beratend zur Seite zu stehen. Sie bietet dafür Gesprächsmöglichkeiten an, stellt ihre Kenntnisse zur Verfügung, schaltet sich bei Schwierigkeiten ein und vertritt die Interessen der schwerbehinderten und gleichgestellten Menschen bei Maßnahmen, die der Betrieb oder die Dienststelle plant. Dazu ist vor allem erforderlich, dass sie die schwerbehinderten Menschen und deren Arbeitsplätze genau kennt und im Auge behält. Außerdem muss sie jederzeit einen guten Überblick über den Betrieb und die Einsatzmöglichkeiten für behinderte Menschen haben.

Pflichten des Arbeitgebers gegenüber der Schwerbehindertenvertretung

Der Arbeitgeber ist verpflichtet, zu prüfen, ob freie Arbeitsplätze mit arbeitslosen schwerbehinderten Menschen, insbesondere den bei der Agentur für Arbeit gemeldeten, besetzt werden können. Bei dieser Prüfung sollen die Arbeitgeber die Schwerbehindertenvertretung beteiligen und den Betriebsrat oder den Personalrat hören. Durch die Mitwirkung schon bei der Besetzung freier Stellen soll die Schwerbehindertenvertretung mithelfen, dass schwerbehinderte Menschen eingestellt werden.

Der Arbeitgeber muss Bewerbungen von schwerbehinderten Menschen mit der Schwerbehindertenvertretung besprechen und mit ihrer Stellungnahme dem Betriebsrat oder dem Personalrat übermitteln. Die Schwerbehindertenvertretung soll sich dazu äußern, ob der Bewerber mit seinen Kenntnissen und Fähigkeiten geeignet ist. Eine Vorauswahl durch den Arbeitgeber ist unzulässig. Zwischen Bewerbungen aufgrund von Ausschreibungen und solchen, die ohne Aufforderung an den Arbeitgeber gerichtet wurden, wird dabei nicht unterschieden. Ohne Bedeutung ist auch, ob es sich um eine externe oder interne Bewerbung handelt.

Neben der Mitwirkung bei der Einstellung bestehen weitere Beteiligungsrechte der Schwerbehindertenvertretung. In allen Angelegenheiten, die einen Einzelnen oder die schwerbehinderten Menschen als Gruppe berühren, muss der Arbeitgeber die Schwerbehindertenvertretung rechtzeitig und umfassend unterrichten, vor einer Entscheidung anhören und die getroffene Entscheidung unverzüglich mitteilen. Diese Anhörungspflicht des Arbeitgebers beinhaltet zugleich ein Mitwirkungsrecht der Schwerbehindertenvertretung. Der Arbeitgeber muss also rechtzeitig vor einer Entscheidung in Angelegenheiten schwerbehinderter Menschen, zum Beispiel Umsetzung, Versetzung, Beförderung, Eingruppierung, Kündigung, Änderung der Arbeitsbedingungen, behinderungsgerechte Gestaltung des Arbeitsplatzes mit technischen Arbeitshilfen, berufliche Weiterbildung, der Schwerbehindertenvertretung die Gründe für seine Maßnahme mitteilen und ihr die Möglichkeit zur Stellungnahme geben.

Anhörungspflicht

Möglichkeit zur Stellungnahme

Dafür muss die Schwerbehindertenvertretung mit dem schwerbehinderten Betroffenen sprechen und sich umfassend informieren. Damit hängt auch das Recht des schwerbehinderten Menschen zusammen, bei Einsicht in seine Personalakte die Schwerbehindertenvertretung hinzuzuziehen. Wird die Schwerbehindertenvertretung bei einer Entscheidung nicht beteiligt, kann sie verlangen, dass die Entscheidung für die Dauer von einer Woche ausgesetzt und die Beteiligung nachgeholt wird. Ist die Entscheidung allerdings schon vollzogen, hat die fehlende Anhörung der Schwerbehindertenvertretung keine Konsequenz mehr. Die Personalmaßnahme wird durch die fehlende Anhörung nicht unwirksam.

Integrationsvereinbarung

Die Schwerbehindertenvertretung hat weiter das Recht, den Abschluss einer Integrationsvereinbarung anzuregen. Ebenso wirkt sie an der Einführung und Durchführung des Betrieblichen Eingliederungsmanagements für die schwerbehinderten und gleichgestellten Beschäftigten mit. Die Schwerbehindertenvertretung darf an allen Sitzungen des Betriebsrats oder des Personalrats und deren Ausschüssen sowie des Arbeitsschutzausschusses beratend teilnehmen. Sie kann Angelegenheiten, die schwerbehinderte Menschen als Einzelne oder als Gruppe besonders betreffen, auf die Tagesordnung der nächsten Sitzung bringen lassen. Ihr Teilnahmerecht gilt nicht nur für Sitzungen, in denen Fragen behandelt werden sollen, die schwerbehinderte Menschen betreffen. Sie wird unter Mitteilung der Tagesordnung zu allen Sitzungen des Betriebsrats eingeladen. Die Schwerbehindertenvertretung kann ferner beantragen, einen Beschluss des Betriebsrats oder des Personalrats auszusetzen, wenn sie meint, dass damit eine Beeinträchtigung wichtiger Interessen von schwerbehinderten Menschen verbunden ist. Der beanstandete Beschluss wird dann für die Dauer von einer Woche ausgesetzt. Danach muss der Betriebsrat oder der Personalrat neu entscheiden.

Teilnahmerecht

Außerdem soll die Schwerbehindertenvertretung zu den regelmäßigen Besprechungen zwischen Arbeitgeber und Arbeitnehmervertretung hinzugezogen werden, die nach dem

Regelmäßige Besprechungen

Betriebsverfassungsgesetz (BetrVG) und den Personalvertretungsgesetzen vorgesehen sind. Die Monatsbesprechungen oder die Vierteljahresgespräche dienen zur Verständigung bei strittigen Fragen. Die Schwerbehindertenvertretung ist in diesen Meinungsbildungs- und Entscheidungsprozess einzubeziehen. Ihr Teilnahmerecht ist unabhängig davon, ob für die jeweilige Besprechung die Behandlung von Angelegenheiten schwerbehinderter Menschen vorgesehen ist oder nicht.

Tipp

Die Schwerbehindertenvertretung hat das Recht, einmal im Kalenderjahr und bei Bedarf auch öfter eine Versammlung schwerbehinderter Menschen im Betrieb oder in der Dienststelle durchzuführen. Ist in einem Betrieb keine Schwerbehindertenvertretung gewählt, hat der Betriebsrat oder der Personalrat ein Initiativrecht zur Vorbereitung ihrer Wahl.

Der Arbeitgeber hat der Schwerbehindertenvertretung je eine Abschrift der Anzeige über die Erfüllung seiner Beschäftigungspflicht und des Verzeichnisses der schwerbehinderten Menschen im Betrieb auszuhändigen. Im Kündigungsschutzverfahren muss das Integrationsamt eine Stellungnahme der Schwerbehindertenvertretung einholen. Die Schwerbehindertenvertretung ist zur Zusammenarbeit mit den anderen betrieblichen Helfern des Integrationsteams verpflichtet. Außerdem hält sie engen Kontakt zum Integrationsamt und zur Agentur für Arbeit.

Stellung der Schwerbehindertenvertretung

Die Schwerbehindertenvertretung hat eine selbstständige Stellung. Die Mitglieder üben ihre Tätigkeit ehrenamtlich aus. Die Vertrauenspersonen dürfen wegen ihres Amts weder benachteiligt noch begünstigt werden. Dies gilt auch für ihre berufliche Entwicklung. Sie müssen während ihrer Amtszeit dieselbe Förderung ihres beruflichen Fortkommens erhalten wie die mit ihnen vergleichbaren Arbeitnehmer. Die Vertrauenspersonen haben dieselbe persönliche Rechtsstellung und genießen insbesondere denselben Kündigungsschutz, Versetzungs- und Abordnungsschutz wie ein Mitglied des Betriebsrats oder des Personalrats.

Recht auf Freistellung

Die Vertrauenspersonen müssen von ihrer beruflichen Tätigkeit ohne Minderung ihres Gehalts freigestellt werden, wenn es zur Durchführung ihrer Aufgaben erforderlich ist. Dies gilt entsprechend für die Teilnahme an Seminaren bezüglich ihrer Tätigkeit. Der zeitliche Umfang der Freistellung richtet sich nach der Anzahl der schwerbehinderten Menschen und nach den jeweiligen Verhältnissen des Betriebs. Sind durchschnittlich wenigstens 200 schwerbehinderte Menschen beschäftigt, wird die Vertrauensperson auf Wunsch für ihre Aufgaben vollständig freigestellt. Der Arbeitgeber trägt die Kosten für die Tätigkeit der Schwerbehindertenvertretung.

Schweigepflicht

Die Vertretung unterliegt einer besonderen Geheimhaltungspflicht. Die Schweigepflicht gilt auch nach dem Ausscheiden aus dem Amt.

06

SONSTIGE SCHUTZRECHTE, LEISTUNGEN UND NACHTEILSAUSGLEICHE

Behinderte Menschen haben bedauerlicherweise in den unterschiedlichsten Situationen mit Nachteilen gegenüber ihren nicht behinderten Mitmenschen zu kämpfen. Barrieren verschiedenster Art stehen den Betroffenen oft im Weg. Doch es gibt zahlreiche Gesetze, Fördermittel und Zusatzleistungen, die behinderten Menschen das Leben erleichtern können.

DAS ALLGEMEINE GLEICH-BEHANDLUNGSGESETZ (AGG)

Das Allgemeine Gleichbehandlungsgesetz aus dem Jahr 2006 soll Benachteiligungen aus Gründen der Rasse oder der ethnischen Herkunft, des Geschlechts, der Religion oder Weltanschauung, des Alters, der sexuellen Identität und nicht zuletzt wegen einer Behinderung verhindern und beseitigen.

Zur Verwirklichung dieses Ziels erhalten behinderte Menschen Rechtsansprüche gegen Arbeitgeber und Privatpersonen, wenn diese ihnen gegenüber gegen die gesetzlichen Diskriminierungsverbote verstoßen.

Das Gesetz verbietet Benachteiligungen im Hinblick auf

Benachteiligungs- und Diskriminierungsverbot

- die Bedingungen für den Zugang zu Erwerbstätigkeit sowie für den beruflichen Aufstieg, einschließlich Auswahlkriterien und Einstellungsbedingungen,
- die Beschäftigungs- und Arbeitsbedingungen einschließlich des Arbeitsentgelts und der Entlassungsbedingungen,
- den Zugang zu Berufsberatung, Berufsbildung, Berufsausbildung, beruflicher Weiterbildung sowie Umschulung und praktischer Berufserfahrung,
- Mitgliedschaft und Mitwirkung in Gewerkschaften und Arbeitgebervereinigungen und Vereinigungen, deren Mitglieder einer bestimmten Berufsgruppe angehören,
- den Sozialschutz, einschließlich der sozialen Sicherheit und der Gesundheitsdienste,
- die sozialen Vergünstigungen,
- die Bildung,
- den Zugang zu und die Versorgung mit Gütern und Dienstleistungen, die der Öffentlichkeit zur Verfügung stehen, einschließlich Wohnraum.

Schutzfunktion

Das Diskriminierungsverbot gilt insbesondere für Arbeitgeber – siehe hierzu auch Kapitel 5, Seite 73 –, aber auch für andere Vertragspartner und stellt damit einen weitgehenden Schutz vor Benachteiligungen im Zivilrechtsverkehr dar.

Der Benachteiligte kann die Beseitigung der Benachteiligung und Unterlassung verlangen. Unter Umständen stehen ihm auch Schadenersatzansprüche zu. Wichtig ist eine Regelung über eine Beweislastumkehr im AGG, wenn der vermeintlich Benachteiligte im Streitfall Indizien vorlegen kann, die eine Benachteiligung vermuten lassen.

Eine Benachteiligung liegt vor, wenn ein Bewerber wegen seiner Behinderung nicht eingestellt wird, weil der Arbeitgeber meint, er könne Kunden verlieren. Oder wenn ein Vermieter seine Wohnung nicht an Behinderte vermietet. Auch wenn etwa Kollegen einen Spitznamen in Bezug auf die Behinderung (zum Beispiel „Mongo" bei einem Menschen, der am Downsyndrom leidet) verwenden, ist das eine Belästigung. Der Arbeitgeber muss das unterbinden.

Wer den Eindruck hat, wegen seiner Behinderung im Zivilrechtsverkehr benachteiligt worden zu sein, kann sich an die Antidiskriminierungsstelle des Bundes wenden, die in berechtigten Fällen bei der Durchsetzung der Rechte zum Schutz vor Benachteiligungen hilft:

Tipp

Auf der Homepage der Antidiskriminierungsstelle, www.antidiskriminierungsstelle.de, findet man nicht nur den Gesetzestext des AGG, sondern auch viele weitere Informationen.

Antidiskriminierungsstelle des Bundes
Alexanderstr. 1
10178 Berlin
Telefon 0 30/1 85 55-18 55
Telefonische Beratung: 0 30/1 85 55-18 65
(Mo bis Fr 9–12, 13–15 Uhr)
E-Mail: poststelle@ads.bund.de

DAS BEHINDERTENGLEICH-STELLUNGSGESETZ (BGG)

Das Behindertengleichstellungsgesetz regelt die Gleichstellung behinderter Menschen im Bereich des öffentlichen Rechts, soweit der Bund zuständig ist. Es gilt in erster Linie für alle Behörden, Körperschaften und Anstalten des Bundes, also nicht nur für Ministerien, sondern zum Beispiel auch für die Bundesagentur für Arbeit oder die Deutsche Rentenversicherung Bund. Das Benachteiligungsverbot gilt ebenso für andere Behörden, soweit sie Bundesrecht ausführen (zum Beispiel Versorgungs- oder Sozialämter).

Gleichstellung im Bereich des öffentlichen Rechts

Zentrale Elemente sind das Benachteiligungsverbot und die Barrierefreiheit.

Unterschiedliche Behandlung ohne zwingenden Grund

Eine Benachteiligung durch die genannten Stellen ist verboten. Nach § 7 BGG liegt eine Benachteiligung vor, „wenn behinderte und nicht behinderte Menschen ohne zwingenden Grund unterschiedlich behandelt werden und dadurch behinderte Menschen in der gleichberechtigten Teilhabe am Leben in der Gesellschaft unmittelbar oder mittelbar beeinträchtigt werden".

Es genügt, wenn ein behinderter Mensch vorbringt, dass er anders als eine nicht behinderte Person behandelt wurde und dass dies für ihn nachteilig war, er also in seiner Teilhabe beeinträchtigt ist. Er muss nicht nachweisen, dass diese unterschiedliche Behandlung gezielt „wegen der Behinderung" erfolgte. Die Behörde muss, um sich zu entlasten, vorbringen, dass diese unterschiedliche Behandlung aus einem zwingenden Grund geschah.

Barrierefreiheit

In der Praxis wesentlich wichtiger ist, dass das BGG Barrierefreiheit verlangt. Nach der gesetzlichen Definition bezieht sich das auf bauliche und sonstige Anlagen, Verkehrsmittel, technische Gebrauchsgegenstände, Systeme der Informationsverarbeitung, akustische und visuelle Informationsquellen und Kommunikationseinrichtungen sowie andere gestaltete Lebensbereiche, wenn sie für behinderte Menschen in der allgemein üblichen Weise, ohne besondere Erschwernis und grundsätzlich ohne fremde Hilfe zugänglich und nutzbar sind.

Regelungen zur Barrierefreiheit

Die Bundesbehörden sind demzufolge zur Schaffung einer barrierefreien Lebensumwelt verpflichtet.

- **Bauen:** Neubauten oder große Um- und Erweiterungsbauten (ab mindestens einer Million Euro) des Bundes, seiner Anstalten und Körperschaften sind barrierefrei auszuführen. Dies gilt nicht nur für die Gebäudeteile, die für den Publikumsverkehr bestimmt sind.
- **Verkehr:** Bahnunternehmen müssen Programme zum Erreichen von Barrierefreiheit erstellen.
- **Kommunikation für Menschen mit Hör- und Kommunikationsbeeinträchtigungen:** Die Deutsche Gebärdensprache ist als eigenständige Sprache anerkannt. Im Verkehr mit Bundesbehörden haben hör- und kommunikationsbehinderte Menschen das Recht, Gebärdensprache oder eine andere für sie geeignete Kommunikationsform zu verwenden. Die Kosten für Kommunikationshilfen werden nach der Kommunikationshilfenverordnung (KHV) übernommen.
- **Kommunikation für Menschen mit Sehbeeinträchtigungen:** Bescheide und Vordrucke von Behörden müssen blinden und sehbehinderten Menschen in einer für sie wahrnehmbaren Form zugänglich gemacht werden.
- **Barrierefreie Informationstechnik:** Die Internetangebote des Bundes sind barrierefrei zu gestalten.

GEBÄRDENSPRACHE/ GEBÄRDENSPRACHDOLMETSCHER

In den letzten Jahren hat die Bedeutung der Kommunikationshilfen für Menschen mit Hörschädigungen immer weiter zugenommen. Gebärdensprachdolmetscher übersetzen simultan von deutscher Lautsprache in deutsche Gebärdensprache. Ihre Funktion ist die des Sprachmittlers, sie haben keine beratende Aufgabe.

Sprachbarrieren

Menschen mit Hörschädigungen bewegen sich in allen Lebensbereichen als Minderheit in einer hörenden Umwelt. Überall stoßen sie auf Sprachbarrieren, da sie die gesprochene Sprache nicht oder nicht ausreichend wahrnehmen und verarbeiten können, während umgekehrt die hörende Mehrheit normalerweise nicht über Kenntnisse der Gebärdensprache verfügt. In vielen Lebensbereichen wird hörgeschädigten Menschen erst durch den Einsatz von Gebärdensprachdolmetschern eine gesellschaftliche Teilhabe ermöglicht.

Qualifizierte Gebärdensprachdolmetscher sind gefragt

Veränderungen der Bildungssituation für hörgeschädigte Menschen, des Arbeitsmarkts und der gesetzlichen Rahmenbedingungen führen inzwischen zu einer Ausweitung der Einsatzfelder sowie zu einer wachsenden Nachfrage nach qualifizierten Dolmetschern. Sie solle eine reibungslose Kommunikation am Arbeitsplatz, in der Schule, im Studium, beim Arzt oder Rechtsanwalt und in vielen anderen Bereichen ermöglichen.

Sprach- und Kulturmittler

Die Verständigung kann sowohl über die Deutsche Gebärdensprache (DGS) erreicht werden als auch über lautsprachbegleitende Gebärden (LBG), die viele schwerhörige und ertaubte Menschen nutzen. Professionelle Gebärdensprachdolmetscher verstehen ihre Tätigkeit als eine zwischen zwei Sprachen und zwei Kulturen vermittelnde Dienstleistung, in deren Ausübung sie an eine Berufs- und Ehrenordnung gebunden sind: Sie unterliegen dementsprechend der Schweigepflicht, sind unparteiisch und streben nach solider Aus- und regelmäßiger Fortbildung.

Die wichtigsten Einsatzgebiete beim Gebärdensprachdolmetschen sind:

- Gespräche und Verhandlungen, die sich aus der Bewältigung alltäglicher Anforderungen ergeben, zum Beispiel im Rahmen der Krankenversorgung oder der öffentlichen Verwaltung, in Einrichtungen der Wirtschaft, in öffentlichen Beratungsstellen und im Sozialbereich, in Schulen und Kindertagesstätten (Elternabende, Sprechtage, Schulkonferenzen), bei politischen oder kulturellen Veranstaltungen, im religiösen Bereich (Gottesdienste, Trauung, Taufe etc.) und im Freizeitbereich;
- Kommunikation in der Arbeitswelt, in Betriebsversammlungen, Versammlungen schwerbehinderter Menschen, bei Gesprächen mit der Schwerbehindertenvertretung, bei Kündigungsverhandlungen, in Dienstbesprechungen und bei innerbetrieblichen Qualifizierungsmaßnahmen; auch bei der regelmäßigen Arbeitsassistenz;
- Kommunikation im Bildungsbereich, in der Berufsausbildung, beim Studium, in der beruflichen Weiterbildung und der Erwachsenenbildung;
- im Medienbereich, insbesondere beim Fernsehen;
- Konferenzdolmetschen bei Kongressen, Tagungen, Konferenzen.

Kostenübernahme

Für den hörgeschädigten Menschen ist der Gebrauch der Gebärdensprache unter Hinzuziehung eines Gebärdensprachdolmetschers im Gerichtswesen kostenfrei. Das Honorar und die Reisekosten des Dolmetschers übernehmen die jeweils zuständigen öffentlichen Kassen. Seit dem 1. Januar 2008 müssen auch Sozialleistungsträger, wie beispielsweise Krankenkassen, Rentenversicherer oder Sozialämter, Kosten für einen Gebärdendolmetscher wie im Verwaltungs- und Gerichtsverfahren übernehmen. Der Anspruch erstreckt sich auf viele Lebensbereiche, zum Beispiel besteht er bei förmlichen Verwaltungsverfahren in schulischen Angelegenheiten. Kostenträger ist hier der jeweilige Schulträger. Bei schulischen Veranstaltungen, die der allgemeinen Information oder sozialen Kontakten dienen, zum Beispiel Elternabende oder Schulfeste, besteht eigentlich kein Anspruch. Dennoch übernehmen auch hier viele Kultusverwaltungen der Länder die Kosten, um die barrierefreie Teilhabe hör- und sprachbehinderter Eltern zu fördern.

Kultusverwaltungen übernehmen freiwillig Kosten

Regelungen zur Kostenübernahme für Einsätze von Gebärdensprachdolmetschern finden sich in verschiedensten Gesetzen. Der § 17 Abs. 2 SGB I ist in diesem Zusammenhang eine wichtige Vorschrift.

ALTERSRENTE FÜR SCHWERBEHINDERTE MENSCHEN

Anhebung der Altersgrenze

Schwerbehinderte Menschen, die in einem sozialversicherungspflichtigen Beschäftigungsverhältnis berufstätig waren, können früher als Nichtbehinderte Altersrente aus der gesetzlichen Rentenversicherung in Anspruch nehmen. Ob und wann Menschen mit Behinderung die Altersrente für schwerbehinderte Menschen in Anspruch nehmen können, ist grundsätzlich abhängig von ihrem Geburtsjahrgang, da für ältere Jahrgänge bestimmte Übergangsvorschriften gelten.

JAHRGÄNGE BIS 31.12.1950

Anspruch auf eine Altersrente für schwerbehinderte Menschen haben Versicherte dieser Geburtsjahrgänge nach § 236 a SGB VI, die die folgenden Voraussetzungen erfüllen:

1. Geburt vor 1951
2. grundsätzlich Vollendung des 63. Lebensjahres; die vorzeitige Inanspruchnahme mit Abschlägen nach Vollendung des 60. Lebensjahres ist möglich, Vertrauensschutz (abschlagsfreier Rentenbeginn nach Vollendung des 60. Lebensjahres) besteht für bestimmte Personenkreise
3. bei Beginn der Altersrente muss vorliegen:
   - Anerkennung als schwerbehinderter Mensch im Sinne von § 2 Abs. 2 Neuntes Buch Sozialgesetzbuch – SGB IX, also Grad der Behinderung mindestens 50 oder
   - Berufs- oder Erwerbsunfähigkeit nach dem am 31.12.2000 geltenden Recht
4. Erfüllung der Wartezeit von 35 Jahren
5. Aufgabe bzw. Einschränkung der Erwerbstätigkeit (Einhaltung individueller Hinzuverdienstgrenzen)

Abschläge

Bei vorzeitiger Inanspruchnahme der Altersrente für Menschen mit einer Schwerbehinderung sind Abschläge in Kauf zu nehmen, die zu einer Rentenkürzung führen. Die Abschlagshöhe richtet sich nach der Anzahl der Kalendermonate, die die Rente vorzeitig in Anspruch genommen wird. Pro Kalendermonat ergibt sich ein Abschlag von 0,3 Prozent.

Nimmt man z.B. die Altersrente für schwerbehinderte Menschen zwei Jahre (24 Kalendermonate) vorzeitig in Anspruch, ergibt sich ein Rentenabschlag von 7,2 Prozent (24 Kalendermonate x 0,3). Da die Altersrente für schwerbehinderte Menschen maximal drei Jahre vorzeitig in Anspruch genommen werden kann, ist mit einem maximalen Rentenabschlag von 10,8 Prozent zu rechnen.

Vertrauensschutz

Die abschlagsfreie Altersgrenze von 60 Jahren gilt unter gleichzeitiger Erfüllung der sonstigen Voraussetzungen (Wartezeit, Hinzuverdienstgrenzen) für folgenden Personenkreis: Versicherte, die

1. vor dem 17.11.1950 geboren sind und
2. am 16.11.2000 schwerbehindert im Sinne von § 2 Abs. 2 SGB IX (Grad der Behinderung mindestens 50), berufsunfähig oder erwerbsunfähig nach dem am 31.11.2000 geltenden Recht waren.

Des Weiteren muss bei Beginn der Altersrente (nicht nur am Stichtag 16.11.2000) eine anerkannte Schwerbehinderung im Sinne von § 2 Abs. 2 SGB IX (Grad der Behinderung mindestens 50) oder Berufs- bzw. Erwerbsunfähigkeit nach dem am 31.12.2000 geltenden Recht vorliegen.

Wartezeit

Auf die Wartezeit von 35 Jahren werden alle Kalendermonate mit rentenrechtlichen Zeiten angerechnet. Der Begriff der rentenrechtlichen Zeiten umfasst sogenannte Beitragszeiten, beitragsfreie Zeiten und Berücksichtigungszeiten.

Beitragszeiten sind Kalendermonate, die mit Beiträgen belegt sind; das heißt an denen man in die Rentenversicherung einzahlt. Zu den beitragsfreien Zeiten zählen u.a. Anrechnungszeiten (z.B. Krankheit, Arbeitslosigkeit, Schulbildung, jeweils unter bestimmten Voraussetzungen). Eine Berücksichtigungszeit ist die Zeit der Erziehung eines Kindes bis zu dessen vollendetem zehnten Lebensjahr.

Aus einem Versorgungsausgleich, Rentensplitting und einer geringfügigen versicherungsfreien Beschäftigung können auch zusätzliche Monate für die Wartezeiterfüllung resultieren.

Aufgabe bzw. Einschränkung der Erwerbstätigkeit

Bei der Inanspruchnahme der Altersrente für Menschen mit einer Schwerbehinderung vor Vollendung des 65. Lebensjahres sind bei Ausübung einer Erwerbstätigkeit individuelle Hinzuverdienstgrenzen zu beachten, wodurch es eventuell zu einer Kürzung der Rente kommen kann.

JAHRGÄNGE 1951 BIS 1963

Anspruch auf eine Altersrente für schwerbehinderte Menschen haben Versicherte der Geburtsjahrgänge 1951 bis 1963 nach § 236a SGB VI, die die folgenden Voraussetzungen erfüllen:

1. Geburt vor 1964
2. Vollendung des 63. Lebensjahres
   Beachte: Anhebung der Altersgrenzen ab Jahrgang 1952 stufenweise auf das 65. Lebensjahr, vorzeitige Inanspruchnahme mit Abschlägen möglich, Vertrauensschutz (keine Anhebung der Altersgrenzen) für bestimmte Personenkreise
3. bei Beginn der Altersrente Anerkennung als schwerbehinderter Mensch im Sinne von § 2 Abs. 2 SGB IX, also Grad der Behinderung mindestens 50
4. Erfüllung der Wartezeit von 35 Jahren
5. Aufgabe bzw. Einschränkung der Erwerbstätigkeit (Einhaltung individueller Hinzuverdienstgrenzen)

Anhebung der Altersgrenzen/vorzeitige Inanspruchnahme

Die Altersgrenze für eine abschlagsfreie Altersrente für Menschen mit einer Schwerbehinderung wird für die Geburtsjahrgänge ab 1952 stufenweise vom 63. auf das 65. Lebensjahr angehoben. Die Möglichkeit einer vorzeitigen Inanspruchnahme besteht weiterhin, die Anhebung erfolgt hier vom 60. auf das 62. Lebensjahr, sodass es bei einer maximalen Abschlagshöhe von 10,8 Prozent Rentenkürzung verbleibt.

Vertrauensschutz

Die abschlagsfreie Altersgrenze von 63 Jahren wird für folgende Personenkreise nicht angehoben:

1. Versicherte, die am 1.1.2007 als schwerbehinderte Menschen nach § 2 Abs. 2 SGB IX (Grad der Behinderung mindestens 50) anerkannt waren, und
2. entweder vor dem 1.1.1955 geboren sind und vor dem 1.1.2007 Altersteilzeitarbeit vereinbart haben oder Anpassungsgeld für entlassene Arbeitnehmer des Bergbaus bezogen haben.

Aufgabe bzw. Einschränkung der Erwerbstätigkeit

Bei der Inanspruchnahme der Altersrente für Menschen mit einer Schwerbehinderung vor Vollendung des 65. Lebensjahres (bzw. nach Anhebung der Altersgrenzen 67. Lebensjahr) sind bei Ausübung einer Erwerbstätigkeit individuelle Hinzuverdienstgrenzen zu beachten, wodurch es eventuell zu einer Kürzung der Rente kommen kann.

AB JAHRGANG 1964

Anspruch auf eine Altersrente für Menschen mit einer Schwerbehinderung haben Versicherte dieser Geburtsjahrgänge nach § 37 SGB VI, die die folgenden Voraussetzungen erfüllen:

1. Geburt ab 1964
2. Vollendung des 65. Lebensjahres
3. bei Beginn der Altersrente Anerkennung als schwerbehinderter Mensch im Sinne von § 2 Abs. 2 SGB IX, also Grad der Behinderung mindestens 50
4. Erfüllung der Wartezeit von 35 Jahren
5. Aufgabe bzw. Einschränkung der Erwerbstätigkeit (Einhaltung individueller Hinzuverdienstgrenzen)

Die vorzeitige Inanspruchnahme der Altersrente für Menschen mit einer Schwerbehinderung ist hier nach Vollendung des 62. Lebensjahres möglich. Somit beträgt die maximale

Abschlagshöhe bei drei Jahren vorzeitiger Inanspruchnahme weiterhin 10,8 Prozent.

Aufgabe bzw. Einschränkung der Erwerbstätigkeit

Bei der Inanspruchnahme der Altersrente für Menschen mit einer Schwerbehinderung vor Vollendung des 67. Lebensjahres sind bei Ausübung einer Erwerbstätigkeit individuelle Hinzuverdienstgrenzen zu beachten, wodurch es eventuell zu einer Kürzung der Rente kommen kann.

PFLEGEVERSICHERUNG

Tipp

ARD-Ratgeber Recht: Pflegeversicherung (www.vz-ratgeber.de).

Bei besonders schweren Behinderungen muss man möglicherweise Pflege in Anspruch nehmen. Dafür gibt es die Pflegeversicherung, die zum 1.1.2013 weiterentwickelt wurde und teilweise verbesserte (besonders für Menschen mit einer Demenz) Leistungen vorsieht. Es würde den Rahmen dieses Ratgebers sprengen, auf Einzelheiten einzugehen.

Hier nur das Wichtigste:

- **Recht auf Pflegeberatung:** Die Pflegekassen sind verpflichtet, für ihre pflegebedürftigen Versicherten Pflegeberatung anzubieten. Die Pflegeberatung stellt ein individuelles Beratungs-, Unterstützungs- und Begleitangebot, das jeweils auf den Bedarf des einzelnen Hilfebedürftigen zugeschnitten ist. Auf Wunsch des Versicherten muss die Pflegeberatung bei ihm zu Hause stattfinden. Die Pflegeberaterinnen und -berater arbeiten auch in Pflegestützpunkten.

Begutachtung durch Medizinischen Dienst

- **Pflegestufen:** Entsprechend dem Umfang des Hilfebedarfs werden die Pflegebedürftigen in eine von drei Pflegestufen (I, II oder III) eingestuft. Davon hängt die Höhe der Leistungen ab. In Pflegestufe III kann bei einem außergewöhnlich hohen Pflegeaufwand auch eine sogenannte Härtefallregelung in Betracht kommen. Die Einstufung erfolgt aufgrund einer Begutachtung durch den Medizinischen Dienst der Krankenversicherung.

- **Sachleistung und Pflegegeld:** Pflegebedürftige können Sachleistungen, insbesondere einen ambulanten Pflegedienst, in Anspruch nehmen. Dieser rechnet die Sachleistung direkt mit der Pflegekasse ab. Sie können aber auch ein Pflegegeld beziehen. Voraussetzung dafür ist, dass die häusliche Pflege selbst, zum Beispiel durch Angehörige, sichergestellt wird. Um eine auf die individuellen Bedürfnisse abgestimmte Pflege zu gewährleisten, ist es möglich, außer Pflegegeld auch Sachleistungen in Anspruch zu nehmen. Das Pflegegeld vermindert sich in diesem Fall anteilig um den Wert der Sachleistungen.
- **Stationäre Pflege:** Leistungen für die vollstationäre Pflege werden erbracht, wenn eine häusliche oder teilstationäre Pflege nicht möglich ist. Die Pflegekasse prüft die Notwendigkeit der vollstationären Pflege durch den Medizinischen Dienst der Krankenversicherung. Bei Pflegebedürftigen mit Pflegestufe III ist die Überprüfung nicht erforderlich, da hier die Notwendigkeit der vollstationären Pflege vorausgesetzt wird.

Leistungen in Rahmen der Sozialhilfe

- **Hilfe zur Pflege im Rahmen der Sozialhilfe:** Häufig reichen die Leistungen der Pflegeversicherung nicht aus, um die Kosten der Pflege zu bestreiten. Insbesondere die Unterbringung in einem Pflegeheim ist weit teurer. In diesem Fall kommen aufstockende Leistungen der Hilfe zur Pflege im Rahmen der Sozialhilfe in Betracht. Diese sind aber immer einkommens- und vermögensabhängig.
- **Pflege behinderter Kinder:** Wenn Ihr Kind wegen einer Behinderung pflegebedürftig ist und Sie es selbst pflegen, erhalten Sie Leistungen aus der gesetzlichen Pflegeversicherung. Entscheidend für die Zuordnung zu einer bestimmten Pflegestufe ist der über den Hilfebedarf eines gleichaltrigen gesunden Kinds hinausgehende zusätzliche Hilfebedarf (zum Beispiel häufigere Mahlzeiten, zusätzliche Körperpflege). In der Praxis ist die Anerkennung einer Pfle-

gebedürftigkeit bei Kindern oft nicht ganz einfach. Es ist daher sinnvoll, vor dem Besuch des Medizinischen Dienstes einige Zeit ein Pflegetagebuch zu führen.

- **Behinderte Menschen in vollstationären Einrichtungen:** Für pflegebedürftige Menschen, die in vollstationären Einrichtungen der Behindertenhilfe leben, übernimmt die Pflegekasse 10 Prozent des Heimentgelts, höchstens jedoch 256 Euro im Monat. Begründet ist dies dadurch, dass solche Einrichtungen schulische, berufliche oder soziale Förderung betreiben und keine Pflegeeinrichtungen sind. In der Regel entlastet diese relativ geringe Leistung der Pflegeversicherung ohnehin nur die Sozialhilfe, die die Hauptlast der Heimkosten zu tragen hat. Für die Zeit zu Hause, zum Beispiel am Wochenende oder in den Ferien, stehen jedoch anteilig die vollen Leistungen der Pflegeversicherung zu.

MOBILITÄT

ERLEICHTERUNGEN IM PERSONENVERKEHR

Unentgeltliche Beförderung

Schwerbehinderte Menschen, die in ihrer Bewegungsfähigkeit im Straßenverkehr erheblich beeinträchtigt, hilflos, gehörlos oder blind sind, erhalten unentgeltliche Beförderung im Nahverkehr. Der Nachweis erfolgt durch die Merkzeichen G, aG, H, Gl oder Bl (siehe dazu auch Kapitel 2, Seite 27 f.) im Schwerbehindertenausweis. Menschen mit den Merkzeichen G, aG, Gl müssen allerdings ein Beiblatt mit einer Wertmarke zum Schwerbehindertenausweis erwerben, die 72 Euro für ein Jahr bzw. 36 Euro für ein halbes Jahr kostet. Bei den Merkzeichen H und Bl ist die Wertmarke dagegen kostenlos. Das gilt auch für andere Sonderfälle, zum Beispiel beim gleichzeitigen Bezug von Grundsicherung im Alter und bei Erwerbsminderung, Arbeitslosengeld II, Sozialhilfebezug oder für Kriegsopfer. Unter den Begriff Nahverkehr fallen Straßenbahnen, U- und S-Bahnen, Linienbusse und Bahnen, die in einen regionalen Verkehrsverbund einbezogen sind, bzw. Züge des Nahverkehrs. IC/EC- oder ICE-Züge der Deutschen Bahn AG sind also für die unentgeltliche Benutzung im Nahverkehr grundsätzlich ausgeschlossen. Linienschiffe im Nachbarschaftsbereich gehören wiederum dazu.

Begleitperson

Wenn der behinderte Mensch berechtigt ist, eine Begleitperson mitzunehmen – Merkzeichen B –, dann fährt diese immer kostenlos, auch wenn der behinderte Mensch selbst keine Freifahrtberechtigung hat. Das Merkzeichen B ermöglicht also die Freifahrt für die Begleitperson, nicht für den behinderten Menschen selbst. Dieser benötigt die oben genannten anderen Merkzeichen, zum Beispiel das G, für seine eigene unentgeltliche Beförderung. Ebenfalls kostenlos dürfen orthopädische Hilfsmittel, zum Beispiel Rollstühle oder Blindenführhunde, mitgeführt werden.

Bahnreisen

Auch im Fernverkehr gibt es Nachteilsausgleiche für schwerbehinderte Menschen. In allen Fernzügen der Deutschen Bahn AG fährt eine eventuelle Begleitperson kostenlos mit. Die Sitzplatzreservierung ist für Menschen mit den Merkzeichen Bl oder B kostenlos. Außerdem erhalten schwerbehinderte Menschen mit einem GdB ab 70 die BahnCard 50 zum halben Preis. Wichtig: Das Merkzeichen B schließt nicht aus, dass der behinderte Mensch die Verkehrsmittel auch ohne Begleitung benützt. Das wurde vor einiger Zeit durch eine Gesetzesänderung klargestellt.

Tipp

Die Deutsche Bahn AG hat eine Broschüre „Mobil mit Handicap – Angebote und Services für mobilitätseingeschränkte Reisende" herausgegeben, die umfangreiche Informationen zur Planung der Reise, dem Service am Bahnhof und den Leistungen im Rahmen des Nachteilsausgleichs enthält. Die Broschüre steht auf www.bahn.de unter dem Menüpunkt „Services/Barrierefreies Reisen" zur Verfügung. Wer bei einer Bahnreise auf die Hilfe von Mitarbeitern der Deutschen Bahn AG angewiesen ist, kann das unter der bundeseinheitlichen Telefonnummer 01805/51 25 12 anmelden. Hör- und sprachbehinderte Menschen können dafür auch die Faxnummer 01805/15 93 57 nutzen.

Im Luftverkehr ist zu beachten, dass aus Sicherheitsgründen die Gesamtzahl der Passagiere mit eingeschränkter Mobilität abhängig vom

Flugzeugtyp begrenzt sein kann. Es ist daher zu empfehlen, seinen Flug frühzeitig zu buchen. Generelle Preisermäßigungen für behinderte Menschen gibt es im Luftverkehr nicht. Es empfiehlt sich aber, bei der jeweiligen Fluggesellschaft nachzufragen. Kostenlos befördert werden Rollstühle, die normalerweise zusammenklappbar sein müssen. Auch Blindenführhunde dürfen mitgenommen werden, sie müssen aber einen Maulkorb tragen. Zusätzlich gibt es eine Reihe von persönlichen Hilfestellungen, die abhängig von den individuellen Einschränkungen des Passagiers sind.

REISEN

Informieren Sie sich im Internet!

Für behinderungsgerechtes Reisen ist das Internet eine nicht zu ersetzende Informationsquelle. Allerdings kann die Fülle auch ein Problem darstellen: Es ist nicht ganz einfach, sich einen Überblick über die zahllosen, meist kommerziellen Fundstellen zu verschaffen.

Tipp

Einen guten Einstieg bietet die Internetseite des Bundesverbands Selbsthilfe Körperbehinderter. Reiseangebote speziell für körperlich Behinderte werden unter www.bsk-ev.org vorgestellt.

Der im FMG-Verlag erscheinende Führer „Handicapped-Reisen" gilt seit vielen Jahren als das umfangreichste und ausführlichste Nachschlagewerk über rollstuhl- und behindertengeeignete Beherbergungsbetriebe. Insgesamt werden darin 400 Hotels, Pensionen, Ferienbauernhöfe, Ferienwohnungen, Ferienhäuser und andere Unterkünfte in Deutschland und einigen europäischen und außereuropäischen Ländern vorgestellt. Außerdem werden zahlreiche Häuser aufgeführt, die sich auf Gruppen von behinderten Menschen spezialisiert haben. Der Ratgeber enthält genaue Angaben über stufenlose Eingänge, ausreichend breite Türen, große, rollstuhlgeeignete Badezimmer mit rollstuhlbefahrbaren Duschen und andere Behindertenhilfsmittel. Vervollständigt werden diese Informationen durch zusätzliche Hinweise auf eventuelle Hilfs- und Pflegedienste vor Ort.

Die Broschüre der Deutschen Bahn AG „Mobil mit Handicap" ist ein nützliches Hilfsmittel zur Planung einer Reise mit der Bahn.

FAHRDIENSTE

Fahrdienste für behinderte Menschen betreiben Gemeinden und freie Wohlfahrtsverbände. Hier gibt es beträchtliche regionale Unterschiede, sodass man sich über die regionalen Angebote erkundigen muss. Teilweise sind solche Fahrdienste kostenfrei.

Kostenübernahme

Soweit Benutzungskosten entstehen, können diese unter bestimmten Voraussetzungen aber auch von den gesetzlichen Leistungsträgern übernommen werden. Auskunft geben die Rehabilitationsträger und die Sozialämter. Beförderungskosten können insbesondere übernommen werden, wenn ein behinderter Mensch aufgrund der Art oder Schwere seiner Behinderung auf einen Fahrdienst angewiesen ist, um seinen Arbeitsplatz zu erreichen. Aber auch die Krankenkassen übernehmen unter bestimmten Voraussetzungen Fahrtkosten zum Arzt oder zur Therapie.

PARKERLEICHTERUNGEN

Außergewöhnlich gehbehinderte oder blinde Menschen können eine sogenannte Parkerleichterung erhalten. Voraussetzung ist, dass im Schwerbehindertenausweis das Merkzeichen aG oder Bl eingetragen ist. Das Straßenverkehrsamt der Gemeinde stellt dann einen Parkausweis aus, der deutlich sichtbar hinter der Windschutzscheibe des Fahrzeugs angebracht werden muss. Mit diesem Ausweis können die speziellen (gekennzeichneten) Behindertenparkplätze genutzt werden. Unter bestimmten Bedingungen können auch feste Parkplätze in der Nähe der Wohnung oder des Arbeitsplatzes reserviert werden. Das Straßenverkehrsamt hilft weiter. Seit

Parkausweis

einigen Jahren wird eine Form des Parkausweises ausgestellt, die in vielen Ländern, auch außerhalb der EU, gilt. Die Bedingungen sind allerdings unterschiedlich.

Für die Parkerleichterung gilt im Einzelnen:

Regelungen zur Parkerleichterung

- Grundsätzlich darf nicht dort geparkt werden, wo ein gesetzliches oder ausgeschildertes absolutes Halteverbot besteht.
- Mit der Parkerleichterung darf auf den für außergewöhnlich Gehbehinderte und Blinde reservierten und mit einem Rollstuhlfahrersymbol gekennzeichneten Parkplätzen geparkt werden. Außerdem erlaubt die Parkerleichterung das Parken bis zu drei Stunden im eingeschränkten Halteverbot und auf den öffentlichen, durch Verkehrszeichen ausgewiesenen Anwohnerparkplätzen. Dafür ist aber die Benutzung einer Parkscheibe erforderlich.
- In Fußgängerzonen darf während der Ladezeiten (Zeiten, in denen die Fußgängerzone zum Be- und Entladen befahren werden darf) geparkt werden, an Parkuhren und Parkscheinautomaten ohne Gebühr und zeitliche Begrenzung sowie in verkehrsberuhigten Bereichen (sogenannten Spielstraßen) außerhalb der gekennzeichneten Parkplätze, soweit der Verkehr dadurch nicht behindert wird.
- Generell darf die Parkerleichterung nur in Anspruch genommen werden, wenn in zumutbarer Entfernung keine andere Parkmöglichkeit besteht. Die zulässige Höchstparkzeit beträgt in allen Fällen 24 Stunden.

KOMMUNIKATION

RUNDFUNKGEBÜHREN

Rundfunkbeitragsermäßigung

Künftig beteiligen sich auch Menschen mit Behinderung mit einem reduzierten Beitrag an der Rundfunkfinanzierung. Ab 1.1.2013 gelten folgende Regelungen:

- Anspruch auf Befreiung von der Rundfunkbeitragspflicht haben nur noch taubblinde Menschen und Empfänger von Blindenhilfe nach § 72 Sozialgesetzbuch XII sowie nach § 27d Bundesversorgungsgesetz;
- Menschen, denen das Merkzeichen „RF" im Schwerbehindertenausweis (siehe dazu Seite 28 f.) zuerkannt wurde, können eine Ermäßigung beantragen. Sie zahlen einen reduzierten Beitrag von 5,99 Euro pro Monat.

Tipp

Der Antrag ist bei der Gebühreneinzugszentrale der öffentlich-rechtlichen Rundfunkanstalten (GEZ) in Köln zu stellen, die ab 2013 „ARD-ZDF-Deutschlandradio-Beitragsservice" heißt. Näheres findet sich im Internet unter www.rundfunkbeitrag.de/buergerinnen-und-buerger/informationen-fuer-menschen-mit-behinderung.shtml.

06

Einen vorsorglichen Antrag kann man bereits stellen, wenn die Zuerkennung des RF-Merkzeichens beim Versorgungsamt schon beantragt wurde, aber der Bescheid noch nicht vorliegt. Nur bei einer vorsorglichen Antragstellung kann eine eventuelle Befreiung zum Folgemonat ausgesprochen werden.

TELEFON

Seit der Abschaffung des Telefonmonopols in Deutschland muss man sich direkt bei der jeweiligen Telefongesellschaft erkundigen, ob sie Tarife für behinderte Menschen anbietet. Bei der Deutschen Telekom gibt es weiterhin einen Sozialtarif mit freiwilligen Vergünstigungen. Privatkunden mit einem Telekom-Festnetzanschluss (analog oder ISDN) und ihre im selben Haushalt lebenden Angehörigen erhalten den Sozialtarif, wenn sie blind, gehörlos oder sprachbehindert sind und der GdB mindestens 90 erreicht. Der Nachlass beträgt in einem solchen Fall 8,72 Euro (netto) pro Monat.

Voraussetzungen für den Sozialtarif

Die freiwilligen sozialen Vergünstigungen werden von den monatlichen Telefonkosten abgezogen. Nicht voll ausgeschöpfte Vergünstigungsbeträge können nicht in den nächsten Abrech-

Tipp
Den Antrag für den Sozialtarif kann man im Internet auf der Seite www.telekom.de herunterladen und ausgefüllt an die Deutsche Telekom AG, Kundenservice, 53171 Bonn, senden. Kopie des Schwerbehindertenausweises muss dem Antrag beigefügt werden.

nungszeitraum übertragen werden und verfallen. D ie Vergünstigungen gelten ausschließlich für Standardverbindungen im Festnetz der Deutschen Telekom. Nicht berücksichtigt werden zum Beispiel Verbindungen in die Mobilfunknetze oder zu Service-Rufnummern mit der Vorwahl 0180 oder 0900. Für Komplettpakete mit Telefonflatrate-Tarifen werden keine sozialen Vergünstigungen angeboten.

Die Deutsche Telekom AG bietet außerdem für hör- und bewegungsbehinderte Menschen besondere technische Telefoneinrichtungen an.

Auch Vodoafone gewährt schwerbehinderten Menschen einen Rabatt von monatlich bis zu 10 Euro (Näheres unter www.vodafone.de/infofaxe/534.pdf).

Eine genaue Recherche bei den verschiedenen Telefonanbietern lohnt sich auf jeden Fall.

WOHNEN

WOHNGELD

Diese Gruppen können Wohngeld in Anspruch nehmen

Das Wohngeld nach dem Wohngeldgesetz hilft einkommensschwachen Mietern und selbst nutzenden Eigentümern, die angemessenen Wohnkosten zu tragen. Ob Wohngeld in Anspruch genommen werden kann und in welcher Höhe, hängt von der Zahl der Familienmitglieder, dem Einkommen und der zu zahlenden Miete ab. Das Wohngeldgesetz sieht für schwerbehinderte Menschen mit einem GdB von 100 oder für häuslich pflegebedürftige schwerbehinderte Menschen im Sinne des § 14 SGB XI – Soziale Pflegeversicherung – mit einem GdB von wenigstens 80 einen Freibetrag von 1.500 Euro im Jahr vor. Mit einem GdB von unter 80 kann man einen Freibetrag von 1.200 Euro im Jahr in Anspruch nehmen. Nähere Auskünfte erhalten Sie bei der zuständigen Wohngeldstelle, dort sind auch die Antragsformulare erhältlich. Im Internet finden Sie die Formulare beim Bundesministerium für Verkehr, Bau- und Wohnungswesen unter www.bmvbs.de. Dort gibt es auch einen aktuellen Erläuterungstext mit Beispielen (Wohngeld 2008 – Ratschläge und Hinweise). Ein Faltblatt mit Kurzinformationen gibt es beim

Presse- und Informationsamt der Bundesregierung
Dienststelle Berlin
Neustädtische Kirchstr. 15
10117 Berlin
www.bundesregierung.de

BARRIEREFREIHEIT

Sowohl im Miet- als auch im Eigentumsrecht besteht ein Anspruch auf Herstellung von Barrierefreiheit. Nach § 554a BGB kann der Mieter vom Vermieter die Zustimmung zu baulichen Veränderungen oder sonstigen Einrichtungen verlangen, die für eine behinderungsgerechte Nutzung der Mietsache oder den Zugang zu ihr erforderlich sind, wenn er ein berechtigtes Interesse daran hat.

Der Vermieter kann seine Zustimmung nur verweigern, wenn sein Interesse an der unveränderten Erhaltung der Mietsache oder des Gebäudes das Interesse des Mieters an einer behinderungsgerechten Nutzung der Mietsache überwiegt. Dabei sind auch die berechtigten Interessen anderer Mieter in dem Gebäude zu berücksichtigen.

Vorsicht

Nicht zu verwechseln sind barrierefreie Wohnungen mit rollstuhl- bzw. behinderungsgerechten Wohnungen. Diese müssen noch weiter reichende Anforderungen erfüllen und sollten, wenn möglich, auch stärker auf die individuellen Bedürfnisse der Bewohnerinnen und Bewohner zugeschnitten sein.

Im Wohnungseigentumsrecht haben behinderte Wohnungseigentümer aufgrund ihres Miteigentums einen Anspruch auf Zustimmung der anderen Miteigentümer zu Baumaßnahmen für einen barrierefreien Zugang zu ihrer Wohnung. Eine ausdrückliche Regelung dazu gibt es im Wohnungseigentumsgesetz (WEG) nicht.

Die Herstellung von barrierefreiem Wohnraum ist wesentliche Voraussetzung für eine selbstständige Lebensführung behinderter Menschen. Der Bedarf an barrierefreien Wohnungen ist schon jetzt hoch und wird in Zukunft noch steigen. Wesentliche Aspekte der Barrierefreiheit sind der ebenerdige Zugang, die stufenlose Erreichbarkeit aller Wohnräume und eines Freibereichs (Terrasse oder Balkon), ausreichend breite Türen und Bewegungsflächen sowie eine bodengleiche Dusche.

FÖRDERMITTEL

Wohnförderung ist Ländersache

Die Förderung des Wohnungsbaus, auch des Baus und Umbaus von Wohnungen für behinderte Menschen, ist in Deutschland Sache des einzelnen Bundeslands. Der Bund stellt zwar im Rahmen des Wohnraumförderungsgesetzes sowohl zum Neubau als auch für Modernisierungsmaßnahmen Finanzmittel zur Verfügung; deren Vergabe sowie die Vergabe der landeseigenen Mittel sind jedoch Ländersache. Deshalb hat auch jedes Bundesland seine eigenen Förder- und Vergaberichtlinien. Im Bereich „Bauen und Wohnen" für behinderte Menschen gibt es Kostenzuschüsse zum barrierefreien Umbau der Wohnung.

Die Anlaufstellen der Bundesländer, bei denen man ebenfalls zahlreiche Auskünfte zu den individuellen Förderprogrammen bekommt, finden Sie auf der folgenden Seite.

Individuelle Förderprogramme der Bundesländer

Land	Kontakt
Baden-Württemberg	L-Bank Tel. 01801/15 03 33, www.l-bank.de
Bayern	Oberste Baubehörde i. Bayerischen Staatsministerium des Inneren Tel. 089/21 92-3348, -3341, www.wohnen.bayern.de Bayerische Landesbodenkreditanstalt Tel. 089/2 17 12-8003, www.labo-bayern.de
Berlin	Investitionsbank Berlin Tel. 030/21 25 26 60, www.investitionsbank.de
Brandenburg	Investitionsbank des Landes Brandenburg Tel. 0331/660 13 22, www.ilb.de
Bremen	Bremer Aufbau-Bank GmbH Tel. 0421/9 60 04-54, -55, www.bab-bremen.de
Hamburg	Hamburgische Wohnungsbaukreditanstalt Tel. 040/24 84 60, www.wk-hamburg.de
Hessen	Landestreuhandstelle Hessen Tel. 069/91 32-5559, -2567, www.lth.de
Mecklenburg-Vorpommern	Landesförderinstitut Mecklenburg-Vorpommern Tel. 0385/636 30, www.lfi-mv.de
Niedersachsen	Niedersächsische Landestreuhandstelle Tel. 0511/61 57-73, -74, www.lts-nds.de
NRW	Wohnungsbauförderungsanstalt NRW Tel. 0211/9 17 41-0
Rheinland-Pfalz	Landestreuhandstelle Rheinland-Pfalz Tel. 06131/13 30 06, www.lth-rlp.de Ministerium der Finanzen Tel. 06131/16 42 68, www.fm.rlp.de
Saarland	Ministerium der Finanzen Tel. 0681/501 26-13, -17, www.finanzen.saarland.de
Sachsen	Sächsische Aufbaubank Tel. 01803/66 44 66, www.sab.sachsen.de
Sachsen-Anhalt	Investitionsbank Sachsen-Anhalt Tel. 0391/589 17 66, www.lfi-lsa.de
Schleswig-Holstein	Investitionsbank Schleswig-Holstein Tel. 0431/990 50, www.ib-sh.de
Thüringen	Thüringer Aufbaubank Tel. 0361/744 71 19, www.aufbaubank.de

Wohnberatungsstellen

Zu allen Fragen, die mit einer Wohnungsanpassung zusammenhängen, gibt es spezielle Wohnberatungsstellen. Ziel ist es, betroffenen Menschen dabei behilflich zu sein, ihrem Wunsch entsprechend in ihrem Zuhause ein selbstständiges und selbstbestimmtes Leben führen zu können.

Tipp

Die Wohnberatungsstellen finden sich regional in unterschiedlicher Trägerschaft. Auch hier hilft das Internet. Geben Sie in die Suchmaschine „Wohnberatung für Behinderte" und den Ort ein.

Die Wohnberatungsstellen informieren über

- barrierefreies Wohnen, Wohnanpassung und Hilfsmittel,
- Möglichkeiten der Finanzierung und Hilfe bei der Antragstellung.

Sie arbeiten mit gesetzlichen Leistungsträgern, kommunalen Stellen, den Verbänden der freien Wohlfahrtspflege und den Pflegekassen zusammen.

Wohnungshilfen für Berufstätige

Für berufstätige schwerbehinderte Menschen gibt es zusätzlich Wohnungshilfen durch den zuständigen Rehabilitationsträger, zum Beispiel durch die Bundesagentur für Arbeit oder den Rentenversicherungsträger. Berufstätige ohne einen für sie zuständigen Rehabilitationsträger, zum Beispiel Beamte oder Selbstständige, können sich auch an das Integrationsamt wenden, das ebenfalls Leistungsmöglichkeiten in Form von Darlehen und Zuschüssen hat (siehe hierzu auch Seite 67 ff.). Das Integrationsamt und die Bundesagentur für Arbeit verfügen außerdem über Technische Beratungsdienste, die bei einer Antragstellung auch zu Fragen der behinderungsgerechten Ausstattung der Wohnung beraten.

In Deutschland gibt es immer noch viel zu wenig barrierefreien Wohnraum. Wenn vorhanden, ist er oft sehr teuer. Das führt dazu, dass für die wenigen Wohnungen, die neu gebaut bzw. frei werden, in aller Regel schon mehrere Bewerber bereitstehen. In der Regel werden Menschen mit Behinderungen, die über einen Wohnberechtigungsschein verfügen, öffentlich geförderte Wohnungen angeboten. Es gibt auch die Möglichkeit, die Anerkennung als vordringlich Wohnungsuchender zu beantragen. Normalerweise ist hierfür folgender Verfahrensablauf vorgesehen:

1. Bei dem zuständigen Einwohnermeldeamt muss die Anerkennung als vordringlich Wohnungsuchender beantragt werden (Dringlichkeitsschein).
2. Das zuständige Gesundheitsamt kann dann zu einem einen Hausbesuch gebeten werden. Dies ist notwendig, weil zur Vermittlung einer entsprechenden Wohnung ein Nachweis über die gesundheitliche Beeinträchtigung und die Notwendigkeit einer barrierefreien Wohnung durch das Gesundheitsamt benötigt wird.
3. Das Gesundheitsamt sendet die Stellungnahme an das Einwohnermeldeamt.
4. Dieses leitet die Stellungnahme zusammen mit einer Kopie des Dringlichkeitsscheins an die zentrale Vermittlungsstelle für barrierefreien Wohnraum beim Amt für Wohnungswesen weiter, das vorhandene Angebote unterbreitet.

Hilfe vom Sozialamt

Das Sozialamt kann Menschen, die körperlich auf Dauer wesentlich behindert sind, durch Leistungen der Eingliederungshilfe helfen, soweit die Hilfe nicht von einem vorrangig verpflichteten Leistungsträger erbracht wird.

Eingliederungshilfe

Aufgabe der Eingliederungshilfe für behinderte Menschen ist es, eine vorhandene Behinderung oder deren Folgen zu beseitigen oder zu mildern. Die Eingliederungshilfe soll den behinderten Menschen zu einem weitgehend selbstständigen Leben befähigen. Dazu gehört auch die Hilfe bei der Beschaffung und Erhaltung einer Wohnung, die den Bedürfnissen des Behinderten entspricht. Die Leistungen der Sozialhilfe sind aber immer nachrangig und in der Regel einkommens- und vermögensabhängig.

STEUERERLEICHTERUNGEN UND KINDERGELD

EINKOMMENSTEUER

Pauschbetrag für behinderte Menschen

Eine wichtige Form des Nachteilsausgleichs für behinderte Menschen sind steuerliche Erleichterungen. Aber nicht jeder behinderte Mensch hat Anspruch auf alle Steuervergünstigungen. Die meisten der steuerlichen Nachteilsausgleiche erhalten nur schwerbehinderte Menschen, also Menschen mit einem GdB von mindestens 50.

Außergewöhnliche Belastung

Die laufenden Mehraufwendungen für die Lebenshaltung von behinderten Menschen werden als außergewöhnliche Belastung anerkannt. Nach § 33b Einkommensteuergesetz (EStG) wird hierfür ein Pauschbetrag eingeräumt. Der Pauschbetrag für behinderte Menschen kann jährlich ohne Einzelnachweis geltend gemacht werden. Er beträgt derzeit bei einem GdB

- von 25 und 30: 310 Euro,
- bis 40: 430 Euro,
- bis 50: 570 Euro,
- bis 60: 720 Euro,
- bis 70: 890 Euro,
- bis 80: 1.060 Euro,
- bis 90: 1.230 Euro,
- bis 100: 1.420 Euro.

Einschränkungen beim Freibetrag

Der Freibetrag gilt für das ganze Kalenderjahr, auch wenn die Behinderung erst im Lauf des Jahrs festgestellt wurde. Ist im Schwerbehindertenausweis das Merkzeichen H oder Bl eingetragen, erhöht sich der Freibetrag auf 3.700 Euro. Bei einem GdB von wenigstens 25, aber unter 50 wird der steuerliche Pauschbetrag nur gewährt, wenn die Behinderung die körperliche Beweglichkeit dauernd beeinträchtigt oder durch eine typische Berufskrankheit hervorgerufen wird oder zum Bezug einer Rente berechtigt. Der Nachweis ist in diesem Fall durch den Feststellungsbescheid des Versorgungsamts oder einen entsprechenden Rentenbescheid zu führen, da bei einem GdB unter 50 kein Schwerbehindertenausweis ausgestellt wird. Der Pauschbetrag kann bei rückwirkender Feststellung der Behinderung auch für vorhergehende Jahre in Anspruch genommen werden.

Aufwendungen als außergewöhnliche Belastungen

Krankheitskosten

Außer dem Pauschbetrag können auch nachgewiesene Aufwendungen, wie außerordentliche Krankheitskosten, steuerlich berücksichtigt werden, zum Beispiel Kosten einer Operation, auch wenn diese mit der Krankheit zusammenhängt, welche die Behinderung verursacht hat. Unter bestimmten Voraussetzungen lassen sich auch Heilkuren steuermindernd absetzen. Voraussetzung ist, dass eine Kostenübernahme nicht durch andere Stellen erfolgt und die Aufwendungen die zumutbare Belastung übersteigen. Laufende und typische durch die Behinderung verursachte Krankheitskosten sind dagegen durch den Pauschbetrag nach § 33b EStG abgegolten.

Kinderbetreuung

Unter bestimmten Voraussetzungen können Aufwendungen für Dienstleistungen zur Betreuung von unter 16 Jahre alten haushaltszugehörigen Kindern als außergewöhnliche Belastung abgezogen werden. Die Kinderbetreuungskosten können berücksichtigt werden, soweit sie wegen der Behinderung erwachsen, bei Alleinerziehenden auch wegen einer eventuellen Erwerbstätigkeit.

Hilfe im Haushalt

Haushaltshilfe

Für die Beschäftigung einer Haushaltshilfe können nach § 33a EStG Aufwendungen bis zum Betrag von 924 Euro jährlich als außergewöhnliche Belastung geltend gemacht werden, wenn entweder

- der Steuerpflichtige,
- der Ehegatte,
- ein zum Haushalt gehörendes Kind, für das der Steuerpflichtige oder sein nicht dauernd getrennt lebender Ehegatte Anspruch auf Kindergeld hat,
- eine andere zum Haushalt gehörende unterhaltene Person, für die eine steuerliche Ermäßigung wegen Unterhaltsleistungen gewährt wird, schwerbehindert oder hilflos ist. Daneben besteht wie bei Nichtbehinderten die Möglichkeit, haushaltsnahe Dienstleistungen nach § 35a EStG von der Steuer abzuziehen.

Stationäre Pflege und Pflegepauschbetrag für pflegende Personen

Wenn der Steuerpflichtige oder sein nicht dauernd getrennt lebender Ehegatte in einem Heim untergebracht ist, kann als Ersatz für den Abzugsbetrag bei der Hilfe im Haushalt ein Betrag in Höhe von bis zu 624 Euro jährlich als außergewöhnliche Belastung geltend gemacht werden, wenn die Heimunterbringung ohne Pflegebedürftigkeit erfolgt. Ist Heimunterbringung wegen Pflegebedürftigkeit notwendig, erhöht sich der Betrag auf 924 Euro. Die Dienstleistungen in dem Heim oder der Pflegestelle müssen mit denen einer Haushaltshilfe vergleichbar sein.

Ehegatten können die Beträge insgesamt nur einmal abziehen, es sei denn, sie sind wegen Pflegebedürftigkeit eines der Ehegatten an einer gemeinsamen Haushaltsführung gehindert.

Vollstationäre Unterbringung

Daneben kann bei Unterbringung eines schwerbehinderten Menschen in einem Pflegeheim, Altenpflegeheim oder der Pflegestation eines Altenheims oder Krankenhauses der erhöhte Pauschbetrag von 3.700 Euro (Merkzeichen H, Bl im Schwerbehindertenausweis oder Einstufung in Pflegestufe III) geltend gemacht werden.

Übertragung des Behindertenanspruchs

Eltern erwachsener behinderter Menschen, die vollstationär im Heim untergebracht sind, haben grundsätzlich Anspruch auf Kindergeld oder einen Freibetrag für Kinder. Der Behindertenpauschbetrag kann entweder auf die Eltern übertragen werden, wenn das Kind ihn nicht selbst in Anspruch nimmt, oder die Eltern können ihre tatsächlichen Aufwendungen – ohne die Aufwendungen, die durch Kindergeld oder die Freibeträge für Kinder abgegolten sind – als außergewöhnliche Belastung geltend machen. Zu den abziehbaren Aufwendungen zählen zum Beispiel Fahrtkosten für Besuche im Heim oder für Besuche des behinderten Kinds zu Hause.

Pflege zu Hause

Wer eine hilflose Person (Merkzeichen H im Schwerbehindertenausweis oder Einstufung als schwerstpflegebedürftig in Pflegestufe III) persönlich in seiner Wohnung oder in der des behinderten Menschen pflegt, kann entweder die tatsächlichen Kosten oder einen Pauschbetrag von 924 Euro geltend machen.

Fahrtkosten

Volle Kostenerstattung möglich

Behinderte Menschen mit einem GdB von mindestens 70 oder behinderte Menschen mit einem GdB von mindestens 50, bei denen darüber hinaus das Merkzeichen G im Schwerbehindertenausweis steht, können für die Fahrten zwischen Wohnung und Arbeitsstätte bei der Lohn- und Einkommensteuer nicht nur wie üblich den Pauschbetrag je Entfernungskilometer als Werbungskosten ansetzen, sondern die tatsächlichen Kosten dieser Fahrten.

Ohne Einzelnachweis können die für Dienstreisen geltenden höheren Kilometersätze angesetzt werden, und zwar für jeden auf der Fahrt zwischen Wohnung und Arbeitsstätte zurückgelegten Kilometer für die Hin- und Rückfahrt.

Wird ein solcher Arbeitnehmer im eigenen Kraftfahrzeug von einem Dritten, zum Beispiel einem Familienangehörigen, zur

Arbeit gefahren und nach Beendigung der Arbeit von dort abgeholt, so kann er ebenso Kraftfahrzeugaufwendungen oder die Kilometersätze des Fahrers ansetzen, auch für die Leerfahrten. Voraussetzung ist, dass er selbst keinen Führerschein besitzt oder seinen Führerschein aus Gründen, die mit der Behinderung in Zusammenhang stehen, nicht nutzen kann.

Unvermeidbare private Fahrten

Behinderte mit einem GdB von mindestens 80 oder einem GdB von mindestens 70 und Merkzeichen G können nach Abzug der zumutbaren Belastung Aufwendungen für durch die Behinderung veranlasste unvermeidbare private Fahrten als außergewöhnliche Belastung nach § 33 EStG absetzen, soweit sie nachgewiesen oder glaubhaft gemacht werden und angemessen sind. Aus Vereinfachungsgründen kann im Allgemeinen ein Aufwand für Fahrten bis zu 3.000 Kilometer im Jahr als angemessen angesehen werden.

Schwerbehinderte mit einem GdB von mindestens 50, aber weniger als 70 können die Kosten geltend machen, wenn die Fahrten ausschließlich wegen der Behinderung notwendig geworden sind, zum Beispiel Fahrten zur Apotheke oder Massage. Sie müssen einen entsprechenden Nachweis (Fahrtenbuch, Aufstellung) führen.

Bei außergewöhnlich gehbehinderten (Merkzeichen aG), blinden (Merkzeichen Bl) und hilflosen (Merkzeichen H) Menschen sind in bestimmten Grenzen auch Freizeit-, Erholungs- und Besuchsfahrten nach Abzug einer zumutbaren Belastung als außergewöhnliche Belastung anerkannt. Die tatsächliche Fahrleistung muss nachgewiesen werden. Eine Fahrleistung von mehr als 15.000 Kilometern im Jahr gilt in aller Regel nicht mehr als angemessen, kann also über diese Grenze hinaus nicht berücksichtigt werden.

Taxikosten

Anstelle der Kosten für ein eigenes Kraftfahrzeug können auch Taxikosten in angemessenem Umfang geltend gemacht werden. Macht ein Gehbehinderter neben den Aufwendungen für Privatfahrten mit dem eigenen Pkw auch solche für andere Verkehrsmittel geltend, so ist die als angemessen anzusehende jährliche Fahrleistung von 3.000 Kilometern bzw. von 15.000 Kilometern entsprechend zu kürzen.

Fahrtkosten für behinderte Kinder

Die Kosten für ein Kraftfahrzeug können auch bei Eltern berücksichtigt werden, wenn sie bei ihrem behinderten Kind entstanden sind und der dem Kind eigentlich zustehende Behindertenpauschbetrag auf dessen Eltern übertragen worden ist. Dies gilt jedoch nur für solche Fahrten, an denen das behinderte Kind selbst teilgenommen hat, zum Beispiel zu Therapiemaßnahmen, zur Schule oder zur Werkstatt für behinderte Menschen.

KRAFTFAHRZEUGSTEUER

Schwerbehinderten Menschen, die blind (Merkzeichen Bl), hilflos (Merkzeichen H) oder außergewöhnlich gehbehindert (Merkzeichen aG) sind und ein Kraftfahrzeug halten, wird die Kraftfahrzeugsteuer vollständig erlassen. Die Befreiung kann auch dann in Anspruch genommen werden, wenn die Freifahrt im öffentlichen Nahverkehr genutzt wird.

Schwerbehinderte Menschen, die infolge ihrer Behinderung im Straßenverkehr erheblich beeinträchtigt sind (Merkzeichen G mit orangefarbenem Aufdruck) und Gehörlose (nur orangefarbener Aufdruck) können zwischen der Freifahrt im öffentlichen Nahverkehr und der Ermäßigung der Kraftfahrzeugsteuer um 50 Prozent wählen.

Mit der Steuerbefreiung bzw. -ermäßigung sind gewisse Benutzungsbeschränkungen verbunden. So darf das Kraftfahrzeug nicht von anderen Personen benutzt werden, es sei denn, diese Fahrten stehen im Zusammenhang mit dem Transport oder der Haushaltsführung des behinderten Menschen. Das Fahrzeug, für das der behinderte Mensch Steuerbefreiung oder -ermäßigung erhält, muss auf seinen Namen zugelassen sein. Dies ist auch bei Minderjährigen möglich. Die Steuerermäßigung wird nur für ein Kraftfahrzeug gewährt.

KINDERFREIBETRAG UND KINDERGELD

Ein Kind, das das 18. Lebensjahr vollendet hat, wird steuerlich berücksichtigt, wenn es wegen einer körperlichen, geistigen oder seelischen Behinderung außerstande ist, sich selbst zu unterhalten. Ein Kind ist außerstande, sich selbst zu unterhalten, wenn seine Einkünfte im Kalenderjahr 7.680 Euro zuzüglich des maßgeblichen Behindertenpauschbetrags nicht übersteigen. Für Kinder, die sich wegen körperlicher, geistiger oder seelischer Behinderung nicht selbst unterhalten können, gilt dies ohne Altersbegrenzung. Die Behinderung des Kinds und die Unfähigkeit, sich selbst zu unterhalten, müssen allerdings vor Vollendung des 25. Lebensjahrs eingetreten sein.

Vollstationär untergebrachte Kinder

Ein volljähriges behindertes Kind, das im Rahmen der Eingliederungshilfe vollstationär untergebracht ist, ist erst dann imstande, sich selbst zu unterhalten, wenn es mit seinen eigenen Mitteln den gesamten Lebensbedarf (Grundbedarf und individuellen behinderungsbedingten Mehrbedarf) decken kann. Aus Vereinfachungsgründen kann davon ausgegangen werden, dass die eigenen Mittel des Kinds nicht ausreichen, sich selbst zu unterhalten, soweit es vollstationär untergebracht ist und außer den Leistungen der Eingliederungshilfe über keine weiteren Einkünfte und einzusetzendes Vermögen verfügt.

Der Kinderfreibetrag für das Existenzminimum des Kinds beträgt 1.824 Euro bei Alleinstehenden und 3.648 Euro bei zusammenveranlagten Ehegatten.

Der Freibetrag für den Betreuungs- und Erziehungs- oder Ausbildungsbedarf beläuft sich auf 1.080 Euro für Alleinstehende und 2.160 Euro bei zusammenveranlagten Ehegatten. Er wird bei behinderten Kindern ohne zeitliche Begrenzung gewährt.

Der Kinderfreibetrag und der Freibetrag für den Betreuungs- und Erziehungs- oder Ausbildungsbedarf wirken sich steuerlich aber nur dann aus, wenn die steuerliche Freistellung nicht bereits durch das laufend gezahlte Kindergeld erreicht wurde. Im Rahmen der Veranlagung zur Einkommensteuer wird durch eine Vergleichsberechnung ermittelt, was günstiger ist.

Privatschule

Eltern behinderter Kinder können unter bestimmten Voraussetzungen Steuererleichterungen für das Schulgeld von Privatschulen erhalten. Das Schulgeld kann bei der Einkommensteuer-Veranlagung der Eltern als außergewöhnliche Belastung berücksichtigt werden. Voraussetzung ist, dass das Kind ausschließlich wegen einer Behinderung auf den Besuch einer Privatschule (Sonderschule oder allgemeine Schule in privater Trägerschaft) mit individueller Förderung angewiesen ist, weil eine geeignete öffentliche Schule oder eine schulgeldfreie Privatschule nicht zur Verfügung steht oder nicht erreichbar ist. Diese steuerliche Vergünstigung wird zusätzlich zum Behindertenpauschbetrag gewährt.

Altersgrenze

Für die Altersgrenze beim Kindergeld (normalerweise das 18. Lebensjahr) gibt es neben den allgemeinen Ausnahmen (zum Beispiel das 25. Lebensjahr bei noch nicht abgeschlossener Schul- und Berufsausbildung) eine Sonderregelung für schwerbehinderte Kinder. Das Kindergeld steht den Eltern – wenn das Kind keine eigenen Einkünfte über 7.650 Euro hat – weiter zu, sofern die Schwerbehinderung vor dem 25. Lebensjahr (für eine Übergangsfrist noch das 27. Lebensjahr) festgestellt wurde und mindestens ein Elternteil noch lebt. Wenn kein berechtigter Elternteil mehr lebt, erhält das Kind das Kindergeld bis zum 25. Lebensjahr selbst.

Tipp

Eine gute und ausführliche Übersicht über die (bundeseinheitlichen) steuerlichen Vergünstigungen für behinderte Menschen finden Sie auf der Internetseite der Oberfinanzdirektion Hannover, www.steuer.niedersachsen.de/Service/Behinderung.html.

Ein schwerbehindertes Kind mit einer abgeschlossenen Berufsausbildung kann sowohl aufgrund seiner Behinderung als auch aufgrund der allgemeinen wirtschaftlich ungünstigen Situation arbeitslos und damit außerstande sein, sich selbst zu unterhalten. Es wird grundsätzlich davon ausgegangen, dass die Behinderung Ursache für die Unfähigkeit des Kinds zum Selbstunterhalt ist – wenn im Schwerbehindertenausweis oder im Feststellungsbescheid das Merkmal H (hilflos) eingetragen ist oder der Grad der Behinderung 50 oder mehr beträgt und besondere Umstände hinzutreten, aufgrund derer eine Erwerbstätigkeit unter den üblichen Bedingungen des allgemeinen Arbeitsmarkts ausgeschlossen erscheint. In diesem Fall besteht weiterhin ein Anspruch auf Kindergeld.

BLINDENHILFE/BLINDENGELD

Blindenhilfe ist in Deutschland eine monatlich fortlaufend gewährte pauschalierte Geldleistung, die dem Blinden von einem Sozialleistungsträger zum Ausgleich blindheitsbedingter Mehraufwendungen gewährt wird. Die Bezeichnung ist nicht bundeseinheitlich: Sie wird abhängig vom anzuwendenden Gesetz als Blindengeld, Blindenhilfe bzw. Landesblindenhilfe, Landesblindengeld oder Landespflegegeld bezeichnet.

Tipp

Von welcher Behörde Blindenhilfe gezahlt wird, ist in den einzelnen Bundesländern unterschiedlich geregelt. Fragen Sie am besten bei Ihrer Gemeindeverwaltung.

In wenigen Bundesländern gibt es darüber hinaus auch für hochgradig sehbehinderte Menschen eine Unterstützung: das Sehbehindertengeld bzw. die Sehbehindertenhilfe. Für Gehörlose gibt es übrigens vereinzelt vergleichbare Leistungen.

In den letzten Jahren haben die meisten Bundesländer das Blindengeld deutlich gekürzt. Daneben gibt es aber eine einkommens- und vermögensabhängige Blindenhilfe nach dem SGB XII (Sozialhilfe), die gegenüber dem Blindengeld der Länder nachrangig ist.

GRUNDSICHERUNG IM ALTER UND BEI ERWERBSMINDERUNG

Die Grundsicherung im Alter und bei Erwerbsminderung ist eine Leistung der Sozialhilfe, die im Sozialgesetzbuch XII geregelt ist und beim Sozialamt beantragt wird. Neben der Grundsicherung im Alter und bei Erwerbsminderung gibt es auch die Grundsicherung für Arbeitsuchende (auch „Arbeitslosengeld II“ oder umgangssprachlich „Hartz IV“ genannt). Diese Leistung wird nach dem Sozialgesetzbuch II an hilfebedürftige Menschen gezahlt, die erwerbsfähig sind; sie darf nicht mit der Grundsicherung im Alter und bei Erwerbsminderung nach dem SGB XII verwechselt werden.

Behinderte Menschen haben einen Anspruch auf Grundsicherung nach dem SGB XII, wenn sie das 18. Lebensjahr vollendet haben und unabhängig von der jeweiligen Arbeitsmarktlage voll erwerbsgemindert sind. Dies sind sie dann, wenn sie wegen Krankheit oder Behinderung dauerhaft außerstande sind, unter den üblichen Bedingungen des allgemeinen Arbeitsmarkts mindestens drei Stunden täglich erwerbstätig zu sein. Es muss also unwahrscheinlich sein, dass die Erwerbsminderung behoben werden kann.

Voraussetzung: dauerhaft volle Erwerbsminderung

Davon kann bei behinderten Menschen ausgegangen werden, die bereits eine Dauerrente wegen voller Erwerbsminderung beziehen oder die im Arbeitsbereich einer Werkstatt für behinderte Menschen (WfbM) beschäftigt werden oder die eine Tagesförderstätte oder die Fördergruppe einer WfbM besuchen. Ansonsten muss der zuständige Rentenversicherungsträger prüfen, ob eine dauerhafte volle Erwerbsminderung vorliegt.

Anspruch auf Grundsicherungsleistungen haben behinderte Menschen nur, wenn sie bedürftig sind, also ihren Lebensunterhalt nicht aus eigenem Einkommen und Vermögen sicherstellen können. Erzielt ein behinderter Mensch Einkünfte, aus denen er zumindest teilweise seinen Lebensunterhalt bestreiten kann, zum Beispiel Lohn aus einer Tätigkeit bei einer WfbM, wird die Grundsicherung als Aufstockung zu dem bereits vorhandenen Einkommen geleistet. Für Beschäftigte einer WfbM gibt es bezüglich des Werkstattslohns bestimmte Freibeträge. Nicht angerechnet werden das Pflegegeld aus der Pflegeversicherung oder eine Blindenhilfe nach den Landesblindengesetzen. Auch das Kindergeld bleibt anrechnungsfrei, wenn es an die Eltern gezahlt wird.

Vermögensgrenze

Außer dem Einkommen muss grundsätzlich auch das gesamte verwertbare Vermögen zur Deckung des Bedarfs eingesetzt werden. Bestimmte Vermögenswerte sind jedoch geschützt. Dazu gehört zum Beispiel ein angemessenes selbst bewohntes Hausgrundstück. Die Vermögensgrenze für Bargeld und Guthaben auf Konten beträgt 2.600 Euro. Für unterhaltsberechtigte Angehörige gibt es Zuschläge. Die Verwertung eines die Grenzen übersteigenden Vermögens darf für den behinderten Menschen keine Härte darstellen. Dies trifft zum Beispiel bei einem privat genutzten Kraftfahrzeug zu, wenn der behinderte Mensch auf die Benutzung eines Pkws dringend angewiesen ist. Auch das Einkommen und Vermögen des Ehepartners wird berücksichtigt. Das Einkommen von Eltern oder Kindern dagegen nur dann, wenn es über 100.000 Euro im Jahr liegt.

Die Grundsicherung umfasst folgende Leistungen:

- die angemessenen tatsächlichen Aufwendungen für Unterkunft und Heizung,
- einen Mehrbedarf von 17 Prozent des maßgebenden Regelsatzes bei schwerbehinderten Menschen mit dem Merkzeichen G oder aG im Ausweis,
- einen angemessenen Mehrbedarf für behinderte Menschen, die einer kostenaufwendigen Ernährung bedürfen,
- die Übernahme von Beiträgen zur Kranken- und Pflegeversicherung.

Kosten für Unterkunft

Außerdem werden Leistungen für die Erstausstattung einer Wohnung einschließlich der Haushaltsgeräte sowie die Erstausstattung für Bekleidung, einschließlich des Bedarfs bei Schwangerschaft und Geburt, gewährt. Miet- oder Energieschulden können übernommen werden, wenn dies bei drohendem Verlust der Unterkunft oder zur Behebung einer vergleichbaren Notlage gerechtfertigt ist.

Angemessene Wohnungsgröße

Die tatsächlichen Aufwendungen für Unterkunft und Heizung werden übernommen, soweit sie angemessen sind. Bei Mietwohnungen wird die ortsübliche Miete für eine angemessene Wohnungsgröße übernommen. Für Alleinstehende wird in der Regel eine Gesamtfläche von 45 bis 50 Quadratmetern und für einen Zwei-Personen-Haushalt eine Gesamtfläche von 60 Quadratmetern als angemessen angesehen. Für jede weitere dem Haushalt angehörende Person erhöht sich die Wohnfläche um 15 Quadratmeter. Eine zusätzliche Wohnfläche von 15 Quadratmetern kann zum Beispiel blinden Menschen oder Rollstuhlfahrern zugebilligt werden. Bei einem Eigenheim oder einer Eigentumswohnung umfassen die Aufwendungen für die Unterkunft eventuelle Schuldzinsen für einen Immobilienkredit, nicht aber die Tilgung. Lebt ein behinderter Mensch im Haushalt seiner Eltern, sind die Kosten der Unterkunft nach der Zahl der vorhandenen Mitglieder der Haushaltsgemeinschaft aufzuteilen.

Kosten für Arznei-, Verbands- und Hilfsmittel

Alle gesetzlich Krankenversicherten, die das 18. Lebensjahr vollendet haben, müssen für Arznei-, Verbands- und Hilfsmittel Zuzahlungen in Höhe von maximal zwei Prozent ihres Bruttoeinkommens leisten. Bei chronisch kranken Menschen, die wegen derselben schwerwiegenden Erkrankung in Dauerbehandlung sind, liegt die Belastungsgrenze nur bei einem Prozent ihres Bruttoeinkommens, wenn sie die relevanten Vorsorgeuntersuchungen in Anspruch genommen haben oder nach Ausbruch der Erkrankung an strukturierten Behandlungsprogrammen für chronische Erkrankungen teilnehmen. Als maßgebliche Bruttoeinnahme wird bei Versicherten, die Leistungen der Grundsicherung beziehen, der jährliche Regelsatz eines Haushaltsvorstands angesehen. Wird die Belastungsgrenze bereits innerhalb eines Kalenderjahrs erreicht, stellt die Krankenkasse eine Bescheinigung darüber aus, dass im laufenden Jahr keine weiteren Zuzahlungen zu leisten sind.

Schwerbehinderte Menschen mit Anspruch auf Freifahrt im öffentlichen Nahverkehr erhalten die Wertmarke kostenlos, wenn sie Leistungen der Grundsicherung nach SGB XII erhalten.

Grundsicherung bei vollstationärer Unterbringung

Behinderte Menschen, die in vollstationären Einrichtungen leben und dort Eingliederungshilfe oder Hilfe zur Pflege nach dem SGB XII erhalten, haben ebenfalls einen Anspruch auf Grundsicherung, wenn sie dauerhaft voll erwerbsgemindert und bedürftig sind. Die Leistungen der Grundsicherung werden dann aber als Eigenanteil zur Finanzierung der Heimkosten im Rahmen der Sozialhilfe angerechnet, sodass behinderten Menschen durch die Grundsicherung im Heim nicht mehr Geld zur Verfügung steht.

Eltern, deren volljährige behinderte Kinder in einer vollstationären Einrichtung leben, müssen grundsätzlich – auch wenn diese einen Anspruch auf Grundsicherung wegen Alters oder Erwerbsminderung haben – einen Unterhaltsbeitrag in Höhe von monatlich 46 Euro für die Heimkosten leisten.

ZUSATZURLAUB

Berufstätige Menschen mit einer für das ganze Kalenderjahr anerkannten Schwerbehinderung erhalten einen Zusatzurlaub von fünf Tagen. Der Zusatzurlaub kommt zu dem Grundurlaub hinzu, der den schwerbehinderten Beschäftigten laut Arbeits- oder Tarifvertrag bzw. nach gesetzlichen Bestimmungen ebenso wie den nicht behinderten Arbeitnehmern ohnehin zusteht. Rechtsgrundlage ist der § 125 SGB IX.

Berechnung des Zusatzurlaubs

Besonderheiten gelten dann, wenn die Schwerbehinderteneigenschaft nicht während des gesamten Kalenderjahrs besteht, sondern erst im Lauf des Jahrs anerkannt wird. In diesen Fällen besteht für jeden vollen Monat der im Beschäftigungsverhältnis vorliegenden Schwerbehinderteneigenschaft Anspruch auf ein Zwölftel des regulären Zusatzurlaubs. Entstehen bei dieser Berechnung Bruchteile von Urlaubstagen, die mindestens einen halben Tag ergeben, so werden sie auf volle Urlaubstage aufgerundet. Der so ermittelte Zusatzurlaub ist ebenfalls dem allgemeinen Erholungsurlaub hinzuzurechnen. Sehen gesetzliche, tarifliche Regelungen oder eine Betriebsvereinbarung einen längeren Zusatzurlaub zugunsten schwerbehinderter Beschäftigter vor, so gelten diese Sonderregelungen.

Vorsicht

Bei einer Gleichstellung mit den schwerbehinderten Menschen durch die Agentur für Arbeit besteht jedoch kein Anspruch auf Zusatzurlaub.

Zusatzurlaub abhängig von der Wochenarbeitszeit

Verteilt sich die regelmäßige Arbeitszeit des vollzeitbeschäftigten schwerbehinderten Arbeitnehmers auf mehr oder weniger als fünf Arbeitstage in der Woche, erhöht oder vermindert sich der Zusatzurlaub entsprechend. Arbeitet er an vier Tagen in der Woche, stehen ihm auch nur vier Tage Zusatzurlaub zu. Verteilt sich die Wochenarbeitszeit auf sechs Tage, beträgt der Zusatzurlaub ebenfalls sechs Tage. Auch bei Teilzeitarbeit von schwerbehinderten Arbeitnehmern ist die Verteilung ihrer Arbeitszeit auf die Wochentage maßgeblich: Bei drei Arbeitstagen pro Arbeitswoche ergeben sich zum Beispiel drei Tage Zusatzurlaub. Die Urlaubsdauer ist damit stets auf eine Arbeitswoche begrenzt. Ansonsten gelten die allgemeinen Urlaubsgrundsätze. Der Zusatzurlaub entsteht also wie der Grundurlaub, zum Beispiel nach einer Wartezeit von sechs Monaten. Er umfasst ein Zwölftel des Jahresurlaubs für jeden vollen Monat des Bestehens des Beschäftigungsverhältnisses, Urlaubsjahr ist das Kalenderjahr. Bei Lehrern wird er wie der allgemeine Urlaub in der unterrichtsfreien Zeit gewährt.

Der Anspruch auf Zusatzurlaub erlischt nach dem Ausscheiden aus dem Beschäftigungsverhältnis und es entstehen eventuell Abgeltungsansprüche.

Der Anspruch auf den Zusatzurlaub entsteht ohne Rücksicht auf die Kenntnis des Arbeitgebers von der Schwerbehinderung. Dass eine Schwerbehinderung vorliegt, muss der Arbeitnehmer dem Arbeitgeber jedoch durch den Schwerbehindertenausweis nachweisen.

Tipp

Wenn das Versorgungsamt über einen Antrag auf Anerkennung der Schwerbehinderung nicht im Jahr der Antragstellung entscheidet, kann der Anspruch auf Zusatzurlaub für dieses Jahr nur dadurch gesichert werden, dass der Arbeitnehmer den Zusatzurlaub bei seinem Arbeitgeber ausdrücklich beantragt. Allein der Hinweis, er habe einen Anerkennungsantrag gestellt und mache vorsorglich einen Zusatzurlaubsanspruch geltend, reicht dazu nicht aus.

Wird die Schwerbehinderteneigenschaft rückwirkend festgestellt, entsteht auch ein rückwirkender Anspruch auf Zusatzurlaub. Hat sich das Verfahren auf Feststellung der Schwerbehinderteneigenschaft allerdings mehrere Jahre hingezogen, zum Beispiel durch ein längeres Verfahren vor den Sozialgerichten, kann nur noch der für das letzte Kalenderjahr rückwirkend entstandene Zusatzurlaub beansprucht werden. Außerdem muss dieser Urlaub im laufenden Kalenderjahr bis zum Ende des Übertragungszeitraums genommen werden. Die Länge des Übertragungszeitraums ergibt sich aus den Tarifverträgen. Auch für die Übertragung eines rückwirkend zustehenden Zusatzurlaubs aus dem Vorjahr im Zusammenhang mit einem Verfahren auf Feststellung der Schwerbehinderteneigenschaft gilt: Die Ungewissheit über die Anerkennung der Schwerbehinderung ist kein Grund zur automatischen Übertragung eines möglichen Zusatzurlaubsanspruchs in das nächste Kalenderjahr bis zum Ablauf des Übertragungszeitraums. Die Übertragung eines möglicherweise zustehenden Zusatzurlaubs muss vielmehr auch in diesen Fällen beim Arbeitgeber ausdrücklich geltend gemacht werden.

Rückwirkender Anspruch

Der Anspruch auf Zusatzurlaub besteht, solange die Schwerbehinderteneigenschaft fortdauert. Bei einer Herabstufung auf einen GdB von weniger als 50 besteht nach § 116 SGB IX Anspruch auf Zusatzurlaub auf jeden Fall bis zum Ende des dritten Kalendermonats nach Eintritt der Unanfechtbarkeit des Bescheids, mit dem die Verringerung festgestellt wurde. Kann der gesetzliche Zusatzurlaub wegen Beendigung des Arbeitsverhältnisses nicht mehr gewährt werden, ist er finanziell abzugelten.

SONSTIGE NACHTEILSAUSGLEICHE/ VERGÜNSTIGUNGEN

Sparverträge

Eine vorzeitige Verfügung über den Bausparvertrag ist prämien- und steuerunschädlich, wenn der GdB des Sparers oder seines Ehegatten nach Vertragsabschluss auf mindestens 95 festgesetzt wird. Dasselbe gilt für Sparverträge nach dem Vermögensbildungsgesetz, für die eine Arbeitnehmersparzulage gewährt wurde. Auch hier muss der Sparvertrag aber vor Feststellung der Behinderung abgeschlossen worden sein.

Automobilclub

Bei Automobilclubs gibt es für schwerbehinderte Menschen Beitragsnachlässe. Die Beitragsermäßigung ist abhängig von der Satzung des jeweiligen Automobilclubs, zum Beispiel des ADAC. Es empfiehlt sich, direkt bei dem jeweiligen Club nachzufragen. In der Regel wird eine Beitragsermäßigung bei Vorlage eines Schwerbehindertenausweises mit einem GdB von mindestens 50 gewährt.

Wehrdienst

Schwerbehinderte Männer sind nach dem Wehrpflichtgesetz von der Ableistung des Wehrdiensts und deshalb auch von der Musterungspflicht befreit.

Sonstige Vergünstigungen

Für schwerbehinderte Menschen gibt es zahlreiche Ermäßigungen, zum Beispiel beim Eintritt zu Sportveranstaltungen, in Schwimmbädern, in Museen und Theatern. Solche Ermäßigungen sind freiwillige Vergünstigungen der jeweiligen Veranstalter, die sehr unterschiedlich sein können und auf die kein grundsätzlicher Anspruch besteht. Man muss sich jeweils erkundigen und grundsätzlich den Schwerbehindertenausweis zum Nachweis der Voraussetzungen mit sich führen.

SERVICE UND ADRESSEN

07

Dieser Ratgeber kann lediglich einen Überblick über das weitverzweigte Behindertenrecht bieten. Im Folgenden finden Sie daher eine Reihe von Hinweisen und Quellen, wo Sie tiefergehende und detaillierte Informationen erhalten.

INTERNET

Eine gute und kostenlose Informationsquelle ist natürlich das Internet. Allerdings besteht hier das Problem, dass Suchmaschinen auf Stichwörter stets mit zahllosen Fundstellen antworten und man sich in der Fülle des Materials kaum einen Überblick verschaffen kann. Problematisch ist außerdem, dass viele Fundstellen nicht aktuell sind.

Der Text aller wichtigen Gesetze findet sich an verschiedenen Stellen im Internet, der Wortlaut des für behinderte Menschen besonders wichtigen Sozialgesetzbuchs IX zum Beispiel unter www.bundesrecht.juris.de/sgb_9.

Zentrale Adressen im Internet mit einem guten und aktuellen Informationsangebot

www.einfach-teilhaben.de:

Die vom Bundesministerium für Arbeit und Soziales herausgegebene Internetseite bietet umfassende Informationen zum Thema Behinderung.

www.familienratgeber.de

Der Familienratgeber der „Aktion Mensch" ist ein großer Onlineservice für Menschen mit Behinderung und ihre Angehörigen. Es handelt sich um eine übersichtliche und empfehlenswerte Seite mit sehr hohem Informationsgehalt.

www.rehadat.de

REHADAT – Informationssystem zur beruflichen Rehabilitation. REHADAT sammelt und veröffentlicht Informationen zu den Themen Behinderung, Integration und Beruf. Alle Informationen gibt es kostenlos im Internet oder auf CD-ROM. Mehr als 86.000 Texte und 20.000 Bilder stehen bei REHADAT zur Verfügung.

Geordnet sind sie nach den Themen:

1. Hilfsmittel
2. Praxisbeispiele
3. Literatur
4. Forschung
5. Recht
6. Adressen
7. Werkstätten für behinderte Menschen
8. Seminare

Außer dieser Datenbank gibt es noch ein weiteres Angebote von REHADAT: www.rehadat-talentplus.de, das Portal zu Arbeitsleben und Behinderung. REHADAT wird gefördert durch das Bundesministerium für Arbeit und Soziales und ist ein Projekt des Instituts der deutschen Wirtschaft Köln.

www.bmas.bund.de

Die Internetseite des Bundesministeriums für Arbeit und Soziales bietet unter dem Menüpunkt „Teilhabe behinderter Menschen" eine Fülle von Informationen rund um das Thema Behinderung. Über die Internetseite können online auch die zahlreichen – überwiegend kostenlosen – Broschüren, die das Ministerium herausgibt, bestellt oder heruntergeladen werden.

www.bmg.bund.de

Die Internetseite des Bundesministeriums für Gesundheit enthält Informationen zur medizinischen Rehabilitation und zur Pflegeversicherung.

www.bar-frankfurt.de

Die Bundesarbeitsgemeinschaft für Rehabilitation (BAR) e.V. ist ein Zusammenschluss der Spitzenverbände der Rehabilitationsträger, insbesondere der Verbände der gesetzlichen Kranken-, Unfall- und Rentenversicherung, der Bundesagentur für

Arbeit, der Bundesländer, der Spitzenverbände der Sozialpartner, der Bundesarbeitsgemeinschaft der Integrationsämter und Hauptfürsorgestellen, der Bundesarbeitsgemeinschaft der überörtlichen Träger der Sozialhilfe sowie der Kassenärztlichen Bundesvereinigung. Ihre Aufgabe ist die Koordinierung der Rehabilitation und Teilhabe behinderter Menschen. Auch die Internetseite der BAR gibt einen guten Überblick über das Thema Behinderung und Rehabilitation und viele weiterführende Hinweise. Zu den Aufgaben der BAR gehört ebenso die Information und Aufklärung der Öffentlichkeit über die Möglichkeiten der Rehabilitation.

www.integrationsaemter.de

Die Internetseite der Bundesarbeitsgemeinschaft der Integrationsämter und Hauptfürsorgestellen enthält sehr viele Informationen zum Thema „Behinderung und Beruf“. Insbesondere gibt es dort eine Onlineausgabe der viermal im Jahr erscheinenden „ZB Zeitschrift: Behinderte Menschen im Beruf“, außerdem das Lexikon „ABC Behinderung und Beruf“ mit zahlreichen Stichwörtern rund um das Thema Schwerbehinderung.

www.deutsche-rentenversicherung.de

Die Seite der Deutschen Rentenversicherung informiert unter dem Menüpunkt „Rehabilitation“ ausführlich zur medizinischen und beruflichen Rehabilitation.

www.arbeitsagentur.de

Die Seite der Bundesagentur für Arbeit informiert unter dem Menüpunkt „Bürgerinnen und Bürger“/„Menschen mit Behinderungen“ über das umfangreiche Angebot der Agenturen für Arbeit für diese Personengruppe.

www.behindertenbeauftragte.de

Die Seite der Beauftragten der Bundesregierung für die Belange behinderter Menschen enthält viele allgemeine Informationen zu den Themen Gleichstellung, Barrierefreiheit und Nachteilsausgleiche. Auch hier stehen informative Broschüren zum Download bereit.

www.talentplus.de
Die Seite wird vom Institut der Deutschen Wirtschaft herausgegeben und stellt ein Portal zum Thema „Arbeitsleben und Behinderung" dar.

Einige dieser Internetadressen sind barrierefrei, teilweise auch in leichter Sprache und in Gebärdensprache.

KOSTENLOSE PUBLIKATIONEN UND GESETZESTEXTE

Außer den im Buchhandel erhältlichen Ratgebern und Gesetzestexten ist eine größere Zahl kostenloser Broschüren im Umlauf. Im Folgenden werden einige wichtige, bundesweit erhältliche Publikationen aufgeführt:

- **„Ratgeber für Menschen mit Behinderungen",** Stand: Ausgabe 2011, 588 Seiten, Herausgeber: Bundesministerium für Arbeit und Soziales. Das Buch enthält sehr viele wichtige Gesetzes- und Verordnungstexte zum Behindertenrecht. Neben dem vollständig enthaltenen SGB IX sind bis auf die Pflegeversicherung im SGB XI alle anderen Bücher des SGB in für behinderte Menschen wichtigen Auszügen abgedruckt.
- **„ABC Behinderung und Beruf",** 4. Auflage 2011, 527 Seiten, Herausgeber: Bundesarbeitsgemeinschaft der Integrationsämter und Hauptfürsorgestellen; zu beziehen über die Integrationsämter. Dieses Buch enthält viele wichtige Gesetzes- und Verordnungstexte, konzentriert sich aber auf das SGB IX und die dazu ergangenen Rechtsverordnungen. Das Fachlexikon bringt in Stichwörtern von A bis

Z alles, was für den beruflichen Bereich behinderter Menschen wichtig ist. Das Buch ist kostenlos, jedoch in erster Linie ein Handbuch für die betriebliche Praxis; es wird in der Regel an das betriebliche Integrationsteam abgegeben. Der Lexikonteil findet sich auch im Internet unter www.integrationsaemter.de.

- **„Gesetzestext Sozialgesetzbuch IX mit Verordnungen"**, Stand: 2011, Herausgeber: Bundesarbeitsgemeinschaft der Integrationsämter und Hauptfürsorgestellen. Dieser Gesetzestext wird bevorzugt an das betriebliche Integrationsteam abgegeben.
- **„Wegweiser Rehabilitation und Teilhabe behinderter Menschen"**, 14. Auflage 2011, 91 Seiten, Herausgeber: Bundesarbeitsgemeinschaft für Rehabilitation, Frankfurt. Kostenloser download: www.bar-frankfurt.de/wegweiser.html.

WICHTIGE ADRESSEN

Über die im Folgenden aufgeführten Adressen bekommen Sie gegebenenfalls auch die Adressen Ihrer regionalen Ansprechpartner.

VERBÄNDE BEHINDERTER MENSCHEN

Bundesarbeitsgemeinschaft SELBSTHILFE e.V.
Kirchfeldstr. 149
40215 Düsseldorf
Telefon 02 11/3 10 06-0
Telefax 02 11/3 10 06-48
E-Mail: info@bag.selbsthilfe.de
www.bag-selbsthilfe.de

Die Bundesarbeitsgemeinschaft Selbsthilfe von Menschen mit Behinderung und chronischer Erkrankung und ihren Angehörigen e.V. (BAG SELBSTHILFE) ist eine Vereinigung von Selbsthilfeverbänden. Vor Ort und auf der Internetseite erhält man Adressen von Selbsthilfeverbänden für die unterschiedlichsten Behinderungsarten.

Bundesverband für körper- und mehrfachbehinderte Menschen e.V. (BVKM)
Brehmstr. 5–7
40239 Düsseldorf
Telefon 02 11/6 40 04-0
Telefax 02 11/6 40 04-20
E-Mail: info@bvkm.de
www.bvkm.de

Die gegenseitige Unterstützung und Beratung bilden das Fundament des BVKM. Er ist Ansprechpartner für Eltern, Betroffene und Initiativen.

Bundesverband für Rehabilitation und Interessenvertretung (BDH)
Eifelstr. 7
53119 Bonn
Telefon 02 28/9 69 84-0
Telefax 02 28/9 69 84-99
E-Mail: info@bdh-reha.de
www.bdh-reha.de

Der BDH (Bundesverband Rehabilitation) vertritt seit über 80 Jahren die Interessen behinderter Menschen und betreibt Einrichtungen für neurologische Rehabilitation. In sieben über ganz Deutschland verteilten Einrichtungen und einem ambulanten Therapiezentrum werden jährlich etwa 10.000 Menschen behandelt.

Bundesverband Selbsthilfe Körperbehinderter e.V. (BSK)
Altkrautheimer Str. 20
74238 Krautheim
Telefon 0 62 94/42 81-0,
Telefax 0 62 94/42 81-79
E-Mail: zentrale@bsk-ev.org
www.bsk-ev.org

Der BSK ist eine bundesweite Selbsthilfevereinigung, die sich als Interessenvertretung von Menschen mit Körperbehinderung versteht.

Bundesvereinigung der Lebenshilfe für Menschen mit geistiger Behinderung e.V.
Raiffeisenstr. 18
35043 Marburg
Telefon 0 64 21/4 91-0
Telefax 0 64 21/4 91-1 67
E-Mail: bundesvereinigung@lebenshilfe.de
www.lebenshilfe.de

Die Lebenshilfe versteht sich als Selbsthilfevereinigung von Eltern und ist Fach- und Trägerverband für Menschen mit geistiger Behinderung und ihre Familien.

Deutscher Blinden- und Sehbehindertenverband e.V.
Rungestr. 19
10179 Berlin
Telefon 0 30/28 53 87-0
Telefax 0 30/28 53 87-20
E-Mail: info@dbsv.org
www.dbsv.org

Deutscher Caritasverband e.V.
Karlstr. 40
79104 Freiburg
Telefon 07 61/2 00-0
Telefax 07 61/2 00-5 72
E-Mail: info@caritas.de
www.caritas.de

Deutscher Gehörlosenbund e.V.
Bernadottestr. 126
22605 Hamburg
Telefon 0 40/4 60 03 62-0
Telefax 0 40/4 60 03 62-10
Bildtelefon: 0 40/4 60 03 62-13
E-Mail: info@gehoerlosen-bund.de
www.gehoerlosen-bund.de

Deutscher Paritätischer Wohlfahrtsverband – Gesamtverband e.V.
Oranienburger Str. 13–14
10178 Berlin
Telefon 0 30/2 46 36-0
Telefax 0 30/2 46 36-1 10
E-Mail: info@paritaet.org
www.paritaet.org

Deutscher Schwerhörigenbund e.V. (DSB)
Breite Str. 23
13187 Berlin
Telefon 0 30/47 54 11-14
Telefax 0 30/47 54 11-16
E-Mail: dsb@schwerhoerigen-netz.de
www.schwerhoerigen-netz.de

Diakonie Deutschland – Evangelischer Bundesverband
Caroline-Michaelis-Str. 1
10115 Berlin
Telefon 0 30/6 52 11-0
Telefax 0 30/6 52 11-33 33
E-Mail: diakonie@diakonie.de
www.diakonie.de

Interessenvertretung Selbstbestimmt Leben in Deutschland e.V. (ISL)
Hermann-Pistor-Str. 1
07745 Jena
Telefon 0 36 41/23 47 95
Telefax 0 36 41/39 62 52
www.isl-ev.de

Die ISL ist eine von behinderten Menschen selbst getragene Organisation, die Interessen von Menschen mit Behinderungen auf allen Ebenen vertreten will.

Sozialverband Deutschland e.V. (SoVD)
Bundesgeschäftsstelle
Stralauer Str. 63
10179 Berlin
Telefon 0 30/72 62 22-0
Telefax 0 30/72 62 22-3 11
E-Mail: contact@sozialverband.de
www.sozialverband.de

Sozialverband VdK Deutschland e.V.
Wurzerstr. 4a
53175 Bonn
Telefon 02 28/8 20 93-0
Telefax 02 28/8 20 93-43
E-Mail: kontakt@vdk.de
www.vdk.de

VERBÄNDE DER LEISTUNGSERBRINGER

Bundesarbeitsgemeinschaft der Berufsbildungswerke (BAG BBW)
Kurfürstenstr. 131
10785 Berlin
Telefon 0 30/23 00 34 33
Telefax 0 30/23 00 38 99
E-Mail: info@bagbbw.de
www.bagbbw.de

Die Deutschen Berufsförderungswerke e. V. Arbeitsgemeinschaft
c/o Deutsche Rentenversicherung Berlin-Brandenburg
Knobelsdorfstr. 92
14059 Berlin
Telefon 0 30/30 02-12 53
Telefax 0 30/30 02-12 56
E-Mail: info@arge-bfw.de
www.arge-bfw.de

Bundesarbeitsgemeinschaft Werkstätten für behinderte Menschen (BAG WfbM)
Sonnemannstr. 5
60314 Frankfurt
Telefon 0 69/94 33 94-0
Telefax 0 69/94 33 94-25
info@bagwfbm.de
www.bagwfbm.de

MINISTERIEN, DACHVERBÄNDE DER REHABILITATIONSTRÄGER UND ANDERER GESETZLICHER LEISTUNGSTRÄGER

Bundesministerium für Arbeit und Soziales (BMAS)
Wilhelmstr. 49
10117 Berlin
Telefon 0 30/1 85 27-0
Telefax 0 30/1 85 27-18 30
E-Mail: info@bmas.bund.de
www.bmas.bund.de

Bundesministerium für Gesundheit (BMG)
Referat Öffentlichkeitsarbeit
11055 Berlin
Telefon 0 30/1 84 41-0 (bundesweiter Ortstarif)
Telefax 0 30/1 84 41-49 00
E-Mail: info@bmg.bund.de
www.bmg.bund.de

Bundesagentur für Arbeit
Regensburger Str. 104
90478 Nürnberg
Telefon 09 11/1 79-0
Telefax 09 11/1 79-21 23
E-Mail: zentrale@arbeitsagentur.de
www.arbeitsagentur.de

Deutsche Rentenversicherung
Ruhrstr. 2
10709 Berlin
Telefon 0 30/8 65-2 61 35
Servicetelefon 08 00/10 00 48 00
E-Mail: redaktion@drv-bund.de
www.deutsche-rentenversicherung.de

Deutsche Gesetzliche Unfallversicherung e.V. (DGUV)
Mittelstr. 51
10117 Berlin
Telefon 0 30/28 87 63-8 00
Telefax 0 30/28 87 63-8 08
E-Mail: info@dguv.de
www.dguv.de

Bundesarbeitsgemeinschaft der Integrationsämter und Hauptfürsorgestellen (BIH)
c/o Landschaftsverband Rheinland
Hermann-Pünder-Str. 1
50679 Köln (Deutz)
Telefon 02 21/8 09-73 51 und -73 52
Telefax 02 21/82 84-16 02 und - 16 05
E-Mail: bih@integrationsaemter.de
www.integrationsaemter.de

Bundesarbeitsgemeinschaft für Rehabilitation (BAR)
Solmsstr. 18
60486 Frankfurt/Main
Telefon 0 69/60 50 18-0
Telefax 0 69/60 50 18-29
E-Mail: info@BAR-Frankfurt.de
www.bar-frankfurt.de

BEHINDERTENBEAUFTRAGTE DES BUNDES UND DER LÄNDER

Beauftragter der Bundesregierung für die Belange behinderter Menschen
Mauerstraße 53, 10117 Berlin
Telefon 0 30 18 / 5 27-29 44
Telefax 0 30 18 / 5 27-18 71
E-Mail: hubert.hueppe@bmas.bund.de
www.behindertenbeauftragter.de

Baden-Württemberg
Landes-Behindertenbeauftragter des Landes Baden-Württemberg
Schellingstr. 15, 70174 Stuttgart
Telefon 07 11/1 23-35 43
Telefax 07 11/1 23-39 12
E-Mail: poststelle@bfbmb.bwl.de
www.service-bw.de

Bayern
Die Beauftragte für die Belange von Menschen mit Behinderung
Winzerer Straße 9, 80797 München
Telefon 0 89/12 61-27 99
Telefax 0 89/12 61-24 53
E-Mail: behindertenbeauftragte@stmas.bayern.de
www.behindertenbeauftragte.bayern.de

Berlin
Landesbeauftragter für Menschen mit Behinderung
Senatsverwaltung für Integration, Arbeit und Soziales
Oranienstraße 106, 10969 Berlin
Telefon 0 30/90 28-29 17
Telefax 0 30/90 28-21 66
E-Mail: lfb@senias.berlin.de
www.berlin.de/lb/behi/

Brandenburg
Landesbeauftragter für die Belange behinderter Menschen Brandenburg
Heinrich-Mann-Allee 103, 14473 Potsdam
Telefon 03 31/8 66-55 45
Telefax 03 31/8 66-55 09
E-Mail: juergen.dusel@masf.brandenburg.de
lwww.brandenburg.de

Bremen
Der Landesbehindertenbeauftragte des Landes Bremen
Am Markt 20, 28195 Bremen
Telefon 04 21/3 61-1 81 81
Telefax 04 21/3 61-1 81 84
E-Mail: office@behindertenbeauftragter.bremen.de
www.behindertenbeauftragter.bremen.de

Hamburg
Senatskoordinatorin für die Gleichstellung behinderter Menschen
Osterbekstraße 96, 22083 Hamburg
Telefon 0 40 / 4 28 63-57 24
Telefax 0 40 / 4 28 63-57 27
E-Mail: ingrid.koerner@bsg.hamburg.de
www.hamburg.de/senatskoordinatorin-fuer-die-gleichstellung-behinderter-menschen

Hessen
Beauftragter der Hessischen Landesregierung für behinderte Menschen
Hessisches Ministerium des Innern und für Sport
Friedrich-Ebert-Allee 12, 65185 Wiesbaden
Telefon 06 11/3 53-14 17
Telefax 06 11/3 53-16 99
E-Mail: petra.schmidt@hmdis.hessen.de
www.behindertenbeauftragter.hessen.de

Mecklenburg-Vorpommern
Bürgerbeauftragter des Landes Mecklenburg-Vorpommern
Schlossstraße 1, 19053 Schwerin
Telefon 03 85/5 25-27 09
Telefax 03 85/5 25-27 44
E-Mail: post@buergerbeauftragter-mv.de
www.buergerbeauftragter-mv.de

Niedersachsen
Der Landesbeauftragte für Menschen mit Behinderungen
Hinrich-Wilhellm-Kopf-Platz 2, 30159 Hannover
Telefon 05 11/1 20-40 07
Telefax 05 11/1 20-99 40 07
E-Mail: karl.finke@ms.niedersachsen.de
www.behindertenbeauftragter-niedersachsen.de

Nordrhein-Westfalen
Landesbeauftragter der Landesregierungfür die Belange der Menschen mit Behinderung
Ministerium für Arbeit, Integration und Soziales
Fürstenwall 25, 40219 Düsseldorf
Telefon 02 11/8 55-30 08
Telefax 02 11/8 55-30 37
E-Mail: lbb@mags.nrw.de
www.lbb.nrw.de

Rheinland-Pfalz
Landesbeauftragter für die Belange behinderter Menschen
Ministerium für Arbeit, Soziales, Gesundheit, Familie und Frauen
Bauhofstraße 9
55116 Mainz
Telefon 0 61 31/16-53 42
Telefax 0 61 31/16 17-53 42
E-Mail: ottmar.miles-paul@masgff.rlp.de
www.lb.rlp.de

Saarland
Landesbeauftragter für die Belange von Menschen mit Behinderungen
Franz-Josef-Röder-Straße 23, 66119 Saarbrücken
Telefon 06 81/5 01-32 53
Telefax 06 81/5 01-45 92
E-Mail: m.haffner@arbeit.saarland.de
www.saarland.de

Sachsen
Beauftragter der Sächsischen Staatsregierung für die Belange von Menschen mit Behinderungen
Sächsisches Staatsministerium für Soziales und Verbraucherschutz
Albertstraße 10, 01097 Dresden
Telefon 03 51/5 64-59 22
Telefax 03 51/5 64-59 24
E-Mail: poehler@beauftragter.sms.sachsen.de
www.sachsen.de

Sachsen-Anhalt
Beauftragter der Landesregierung für die Belange der Menschen mit Behinderungen
Ministerium für Gesundheit und Soziales
Turmschanzenstraße 25, 39114 Magdeburg
Telefon 03 91/5 67-45 64
Telefax 03 91/5 67-40 52
E-Mail: behindertenbeauftragter@ms.sachsen-anhalt.de
www.behindertenbeauftragter.sachsen-anhalt.de

Schleswig-Holstein
Landesbeauftragter für Menschen mit Behinderung
Karolinenweg 1, 24105 Kiel
Telefon 04 31/9 88-16 20
Telefax 04 31/9 88-16 21
E-Mail: ulrich.hase@landtag.ltsh.de
Internet: www.behindertenbeauftragter.schleswig-holstein.de

Thüringen
Der Beauftragte für Menschen mit Behinderungen
Ministerium für Soziales, Familie und Gesundheit
Werner-Seelenbinder-Straße 6, 99096 Erfurt
Telefon 03 61/37 98-7 61
Telefax 03 61/37 98-8 26
E-Mail: paul.brockhausen@tmsfg.thueringen.de
www.thueringen.de

STICHWORTVERZEICHNIS

IMPRESSUM

Herausgeber
Verbraucherzentrale Nordrhein-Westfalen e.V.
Mintropstraße 27, 40215 Düsseldorf
Telefon: 02 11/38 09-5 55
Telefax: 02 11/38 09-2 35
Internet: www.vz-nrw.de
E-Mail: ratgeber@vz-nrw.de

Autor:	Karl-Friedrich Ernst, Karlsruhe
Herausgeber:	Dr. Frank Bräutigam
Koordination:	Kathrin Nick
Lektorat:	Mendlewitsch + Meiser, Düsseldorf,
Produktion:	bretzinger : media.production, Baden-Baden
Gestaltungskonzept:	Ute Lübbeke, Köln, www.LNT-design.de
Umschlaggestaltung:	Ute Lübbeke, Köln, www.LNT-design.de
Umschlagfoto:	gettyimages/Fuse
Druck/Bindung:	Kraft Druck GmbH, Ettlingen
	Gedruckt auf 100 Prozent Recyclingpapier